箱根駅伝に魅せられて

生島 淳

角川新書

はじめに

とにかく箱根《はこね》駅伝が好きなのである。

昭和の時代は、ラジオを通して箱根への思いを膨らませ、小学生の時には勝手に「箱根駅伝すごろく」まで作っていた。狂っている。自分の子どもがそんなことをしていたら、ちょっと怖いかもしれない。

そして自分が大学1年生の時にちょうど日本テレビによる生中継が始まり、平成も中盤に入ってから自分も取材し、書く立場となって、たくさんの監督、選手と話をしてきた。話を聞けば聞くほど深い世界である。走るという単純な競技なのに、どんどん奥行きが出てくる。私は全方位型のスポーツライターなので（大学時代からアメリカのスポーツジャーナリズムに憧《あこが》れていた影響がある）、野球やラグビーについての著書もあるが、箱根駅伝は自分の中で特別な存在になっている。

なぜ、そう感じるようになったのかを考えると、次のふたつの要素に行き着いた。

「キャラの濃さ」と「思いの強さ」である。

これまで、青山学院の原晋《はらすすむ》監督、駒澤の大八木弘明《おおやぎひろあき》監督、東洋の酒井俊幸《さかいとしゆき》監督、早稲田の渡辺康幸《わたなべやすゆき》、相楽豊《さがらゆたか》、花田勝彦《はなだかつひこ》の各監督など多くの指導者の話を聞いてきた。すべての取材が発見だ。笑い、時には愚痴を聞きながら、面白すぎて探求心が抑えられなくなる。

そのほかでも、神奈川・大後栄治《だいごえいじ》監督、帝京・中野孝行《なかのたかゆき》監督、そして最近では國學院の前田康弘《まえだやすひろ》監督、中央の藤原正和《ふじわらまさかず》監督と、これから箱根駅伝の頂点を目指す監督たちの情熱に触れてきた。みんな、「目の上のたんこぶ」を超えようと知恵を絞っている。

一方で、学生たちの熱意にも触れてきた。特に、キャプテンたちの言葉はいつも胸に響いた。優勝したキャプテン、追いつけなかったキャプテン、そして走れなかったキャプテン。これだけ強烈な思いが詰まった大会というのは、なかなか存在しない。だからこそ、毎年ストーリーが生まれてくる。

そうした熱いストーリーがありつつも、ユーモラスな選手たちもたくさんいた。

陸上競技よりも、千葉ロッテマリーンズが大好きな選手。

門限があるのでコンサートにはなかなかいけないけれど、アイドルグループの追っかけをしていた選手。

寝坊して、集合時間に遅れたことを反省していた選手。

フツーの大学生と変わらない、そんな選手たちの日常に触れることも原稿を豊かにしてくれるスパイスだ。

たくさんの人たちの思いを飲み込みながら、箱根駅伝は続いていく。私も飲み込まれたひとりだ。

本書『箱根駅伝に魅せられて』は、これまで私が箱根駅伝を通じて思ってきたこと（特に田舎に住んでいた時代）、そして取材を通じてこの大会がどのような人たちによって彩られてきたのか、それを記す「旅」である。

自分の体験、人生をこれだけ込められる対象は、箱根駅伝だけかもしれない。

では「読む箱根駅伝」、どうぞお楽しみください。

目次

第4章　駅伝紀行　115

第5章　目の上のたんこぶ　149

第6章　メディア　181

第1章　箱根を彩る名将たち

●駒澤・大八木監督

駒澤大学の大八木弘明監督に初めて一対一でインタビューしたのは2008年のことだった。私は『駅伝がマラソンをダメにした』（光文社新書）という本を上梓《じょうし》していたこともあり、大八木監督に会うことにやや気後れを感じていた。なにか、問題点を指摘されるのではないか、と。ところが、大八木監督はおおらかだった。

「生島《いくしま》さんさ、ウチはマラソンやってるから。藤田敦史《ふじたあつし》は学生の時から挑戦しているし、これからもマラソンに適した人材が出てくれば、準備はします」

大八木監督は建設的な批評として捉《とら》えてくれていたようでホッとした。監督の度量の大きさを感じた瞬間でもあった。

2008年は総合で六度目の優勝を果たした年であり、00年からの9年間に六度も優勝していたのだから、00年代はまさに駒澤の時代だった。

ところが、この年を境にして駒大は苦戦を強いられる。七度目の優勝は2021年まで待たなければならなかった。

2010年代は苦戦を強いられたが、大八木監督、そして駒大が変わったなと感じたのは、東京オリンピックが近くなってきた頃だっただろうか。

駒大の選手と、他大学の選手との対談をまとめていた時に、「丸刈り」や部のルールについて選手から言及があったので、それを発言として生かして原稿をまとめた。

次に大八木監督に会った時に、「生島さん、ウチは丸刈りやめるから、そのことは書かないでね」と言われた。あ、そうなんですね、と答えると、大八木監督はこんな話をしてくれた。駒大への進学を考えていたＡという選手がいた。彼のお母さんは駒大のファンで、息子が進学することを熱望していた。ところが、選手本人が最終的には他の大学に決めてしまった。

「競技以外の部内のルールとか、そうしたことを考えたのかもしれないね。詳しいことは分からないけどさ」

大八木監督によれば、丸刈りにも大切な意味があった。

「高校から大学に進むにあたって、すべてをまっさらにして入ってきて欲しいということなんです。新しい環境に馴染《なじ》む。陸上競技に真摯《しんし》に取り組む。丸刈りにするというのは、身だしなみ、そして気持ちを整える手段だったんだけどね」

２０１９年から、駒大に入学してくる学生たちの雰囲気が明らかに変わり始めた。ジョグエリアが駒大とかぶる「ＥＫＩＤＥＮ　ＮＥＷＳ」の主宰者、西本武司《にしもとたけし》さんによれば、

「学生たちが、向こうから挨拶《あいさつ》してくるようになりました」という。

この時期から、取材現場でも駒大の選手たちのコメントがカラフルになり始めた。それまでは堅いコメントが多かったのだが、自分の言葉で競技を語り始めるようになっていた。競技に対してはシリアスだが、どこか明るいのだ。私と西本さんは、駒大に起き始めた現象を、「駒大の青学化」と呼んでいた。

青山学院大学がひとつの時代を築いたのは、選手たちの圧倒的な表現力が土台にあった。言葉、走り、行動、ＳＮＳとあらゆる場で青学の学生たちは自分たちを表現した。その表現力は生きる力にも思えたし、競技力に直結していた。

「選手の強さは表現力にある」という指導者の言葉は、このところたくさん聞く。競泳、ラグビー、あらゆる学生スポーツの現場で表現力が豊かな選手が結果を出していた。青学はそれに先んじていたが、駒大の学生たちも個性を発揮するようになってきていた。事実、以前は有力な高校生が進学先として駒大と青学大で迷うことはあまりなかったが、この両校がリクルーティングで競り合うケースも出てきた。

変化を代表する選手は、２０１９年入学の田澤廉《たざわれん》（トヨタ自動車）だった。田澤は１年生の時から、自然に大人と会話を交わせる選手だったし、自分がどこをターゲットに置いているかも力みなく話せていた。私からすれば、これまでの駒澤の枠にとどまらない、スケールの大きさを感じさせた。彼が4年生の時には全日本大学駅伝で7区を走り、優勝した後の囲み取材の場で、こんなことを口にしていた。

「監督からは去年並みの50分30秒くらいでいいと言われてたんですが、僕は49分台を狙おうと思っていて」

監督と選手の思惑の違いを話す駒大の選手なんて、昔はいなかった。

変化は結果に結びついた。

２０１９年には卒業生で駒大のグラウンドで練習を重ねていた中村匠吾《なかむらしょうご》（富士通）が東京オリンピックのマラソン代表に内定。そして21年の箱根駅伝では、10区での劇的な逆転で優勝。

そして２０２２年度は、出雲《いずも》、全日本、箱根と大八木監督にとって初めてとなる「三冠」を達成した。

この強さが生まれたのは、大八木監督が還暦を過ぎてから自ら変わることを恐れなかったからだ。なぜ、変わったのか？　それは学生、選手との出会いだったと話す。

「中村匠吾の存在が大きかったね。匠吾が大学に入ってきた時は、あまり無理ができないタイプかなと思ってた。それが学年を重ねるにつれて、頑丈になってきて、『これならマラソンで勝負できる』と感じてね。だから、卒業後も俺のところで練習しないかと誘ったら、就職先の富士通さんの了承も得られて、駒大で練習するようになったんです。でも、匠吾は大人しくてね。それをどうしようかと思ってたんです」

中村匠吾は、自分の考えを積極的に発言するタイプの選手ではなかった。しかし、大八木監督は中村が考えていることを引き出したかった。そこで、質問していくことにした。

「私は、学生を指導する場合に、『この方向で』と指し示すことが多かったんです。でも、匠吾と対話を進めていくうちに、質問することで選手の考えを引き出していくことが大切だなと気づいたんです。いや、気づかされたのかな」

こうして大八木監督は、トップダウン型から対話型への指導者へと変身した。自然と、自分の考えをしっかりとした言葉で表現する学生が集まるようになったが、なにより競技場での大八木監督の表情が変わった。

カメラを向けると、「男だろ！」と書かれたうちわを持ってニッコリする。

2023年、優勝した後に駒大の道環寮《どうかんりょう》でケーキが出され、学生が食べさせようとした時に、監督の鼻先にケーキのクリームをつけた。それに対して破顔一笑。数年前だったら、考えられなかった光景だ。

大八木監督は変わった。そして総監督に就任した「大八木さん」はいまも変わり続けている。

●駒澤・大八木監督、その続き

2023年1月3日、駒澤大学は同大にとって史上初めての大学駅伝三冠を達成したが、その直後に大八木弘明監督は勇退を発表した。駒大の監督は教え子の藤田敦史コーチに譲り、自らは総監督に就任するとのこと。

大八木監督は、その時点で64歳。このニュースを聞いて私は、監督にとってはここからコーチとしての「セカンド・キャリア」が始まるのだなと思った。その予感は当たっていた。監督は以前にも増して精力的に動き始めていた。

現在、駒大は選手たちの走力に合わせて「S」「A」「B」「C」にチーム編成が分かれている。大八木〝総〟監督はSに所属する卒業生の田澤廉、現役学生の鈴木《すずき》芽吹《めぶき》、篠原倖《しのはらこう》太郎《たろう》、佐《さ》藤圭汰《とうけいた》らの練習を見ている。卒業した田澤はトヨタ自動車所属だが、駒大拠点で練習をしているというわけだ。

5月には田澤が世界陸上の標準記録突破を狙ってロンドンの競技会に出場した。ここで記録を出しておけば、という戦略だ。監督も同行したが、ハプニングもあって記録は出なかったものの経験値としてはプラスになったという。

「大会が行われるトラックで、〝前日刺激〟をやる予定だったんです。ところが、会場設営で使えないっていうんだもの。困っちゃったよ。でも、田澤に『そのあたりで、200mを何本か走って調整しよう！』と言ってね。日本の競技会って、時間通り、予定通りに進んでいくけど、海外はそうはいかないから。こうした経験もすべてプラスです」

いまは軽やかにヨーロッパや、冬から春にかけては、アメリカのニューメキシコ州にあるアルバカーキでの高地トレーニングにも足を運ぶ。大学の強化からは一歩引いた形になったので、自由が利くようになったのだ。それでも、海外遠征を楽しめるようになったのは最近のことだと監督は話す。

「前は海外に行くのは、あまり好きじゃなかったんです。なんか、面倒くさくて（笑）。でも、いまは海外の最先端の情報を手に入れられるから、ワクワクするんですよ。やっぱり、日本は少し遅れているところもあってね。それもアメリカやヨーロッパに行ってみないと分からない」

最先端の情報に触れるのは、「未来」を見据えているからだ。田澤、佐藤は日本を代表するランナーへと成長していくだろう。田澤は2023年世界陸上の代表に選ばれ、5000mでは12分台の日本記録を目指していくはずだ。そうなると、ターゲットは自然と2024年のパリ・オリンピック、25年の東京世界陸上に出場するだけでなく、勝負することに力点が置かれる。そしてその先には28年のロサンゼルス・オリンピックでのマラソン挑戦というシナリオが見えてくる。

私が思うに、大八木監督にとっての田澤廉、佐藤圭汰は、かつての中村清《なかむらきよし》監督にとっての瀬古利彦《せことしひこ》なのだろうと。世界を狙えるポテンシャルを持つランナーと出会うのは、指導者にとっても「運」が左右する。コーチと選手との出会いはまさにめぐり逢い、その関係性がうまく行くかどうかは相性や偶然が作用する。大八木監督が20年以上にわたって積み上げてきたことが、選手を引き寄せたようにも見える。

教えるには元気でなければいけないと大八木監督は言う。6月に出版社のトークイベントで大八木監督の対談相手になって話を聞いたのだが、監督がとても元気でとにかく楽しかった。

「教えるためには、自分のコンディション管理も大切ですよ。朝は選手たちの練習を見てから、自分でも30分から40分くらいジョグしたり、自転車漕《こ》いだりしてます。だって、いろいろと飲みの誘いも多いもんだから（笑）」

大八木監督の体が引き締まっている理由が分かった。楽しく食べて、飲んで、そしてしっかりとカロリーを消費しているからだ。充実そのものじゃないか。「いやいや、いろいろ苦労もしてるんだから」と監督は笑う。

「いいこともあれば、悪いこともある。本当は２０２１年に13年ぶりに優勝した時も、辞めようと思ってたんです。でも、いろいろなことがあって辞められなくなった。その時点で藤田にコーチに入ってもらってましたから、どこかのタイミングで監督を譲る準備はしていました」

大八木監督は引き際を探りつつも、自分の次のステージの準備を始めていた。これはなかなか出来ないことである。そんな時、学生たちが最高の引き際を用意してくれたという。

「田澤、そしてキャプテンの山野《やまの》（力《ちから》）が、『監督、今年は三冠狙えますよ』と言ってくれたんです。そうかぁと思って、三冠を狙っていく準備をし始めました。メンバー編成、練習計画、箱根駅伝でいえば５区、６区の特殊区間に誰を使うか。その甲斐《かい》あって、駒澤として初めて三冠が達成出来て、子どもたちが最高の花道を用意してくれました」

２０２３年の箱根駅伝で、勝っても負けても勇退する気持ちに変わりはなかったという。これだけ最高の形で有終の美を飾った監督は記憶にない。それも、学生たちに愛されていたから、こういう素敵な結末が待っていたのだと思う。

最近、思うことがある。いま、大八木監督は指導者としてピークを迎えている。しかも、還暦を過ぎてからその指導力は磨かれ、本人もイキイキとしている。その準備は50代後半から成されていたと思う。前項でも書いたように監督本人が変わろうと決めたこと、そして選手との対話路線に切り替えたこと。変化への決意が、新たな頂を見せた。

私も50代後半を迎えたが、企業によっては早期退職で社会の第一線を退く同世代の人間もちらほら出てきた。私自身は、もったいないと思う。なぜなら、30年以上積み上げてきたノウハウは、社会にとって有用だと思うからだ。大八木監督のように還暦を過ぎてから能力を発揮する場合だってある（労働関係の専門家と話したところ、「日本は退職金制度が充実しているので、みんな辞めちゃうんですよ。仕事のやりがいよりも、お金をもらって隠居する高度経済成長期のイメージがまだ残ってるんでしょうね」と話していた。なるほどと思った）。

なんだか話が大きくなってしまったが、自分のフィジカル、コンディションに配慮しつつ、日本だけでなく、世界と戦おうとしている大八木監督の姿は、40代、50代の人たちにとってひとつのモデルになるんじゃないかと思っているのだ。

大八木弘明は、すごい。

●中央・藤原監督

２０２３年の箱根駅伝で、駒大に次いで2位に入ったのが中央大学だった。なぜだか、子どものころか中大には思い入れがある。当時から最多優勝を誇っていた名門だし、白に真っ赤な「C」のマークが入ったユニフォームは、いつ見ても美しいと思う。

中大は１９９６年に総合優勝しているが、この時に4区を走ったのはいま創価大学の監督を務める榎木《えのき》和貴《かずたか》だった。その後も藤原正和（現・中大監督）、上野《うえの》裕一郎《ゆういちろう》（現・立教大学監督）らのスターランナーをそろえ、確実にシード権を手にしてきた。

ところが、中大は２０１３年から「負のスパイラル」に入ってしまう。13年の箱根駅伝は強風が吹き荒れ、レース自体も荒れた。中大は5区の山中で棄権を余儀なくされ、連続シード権の記録は28回で途切れた。それでもこの年のレースでは8区を走った永井《ながい》秀篤《ひでのり》（当時3年）が参考記録となってしまったものの、区間最高のタイムを残した。記録にならないレースだったのに、気持ちが途切れることなく走り切った永井の走りには心が揺さぶられた。そして実際に区間賞を獲得した青山学院の高橋宗司《たかはしそうし》が、SNS上で永井に「ごめん」と謝っていたのも、なんだか学生スポーツらしかった。

一度シード権を逃すと、浮上するのは困難である。予選会は突破するものの、本選では10位以内に入れない、いわゆる「予選会校」になってしまった。そうなると、リクルーティングにも影響が出てくる。いくら最多優勝を誇ってはいても、高校生にとっては「いま」が問題なのだ。中大は、早大、明大、青学大と選手獲得を争うことが多かったが、有力選手は他の大学を選ぶようになっていた。

このままでは低迷が続いてしまう。復活のために白羽の矢が立ったのが、2003年卒業の藤原正和だった。

つい最近まで、フルマラソンの学生記録を持っていた藤原監督は、学生時代は4年連続で箱根駅伝に出場し、1年生から3年生までは5区を走り、1年生の時は区間賞、4年生では2区で区間賞を獲得した。卒業後はHondaに進んで競技を続け、2013年と15年の世界陸上ではマラソンの日本代表にも選ばれている。藤原監督は16年のリオデジャネイロ・オリンピックの出場を目指していたが断念。すると中大陸上競技部の野村修也《のむらしゅうや》部会長が母校への監督就任を打診する。当時のことを藤原監督は、「断れる状況じゃなくなってましたね」と笑うが、母校に対する思いが勝った。しかし、現実は厳しかった。

「あれ、聞いてたのと違うな……ということが、いろいろとありました（笑）。待遇面だとか、選手の状況だとか。監督になって早いタイミングで合宿があったんですが、学生たちはいい走りをしていたんです。あとで気づきましたが、新しい監督が来たということで、学生たちは頑張ってたんですよ。その後、少しでも時間が空くとグラウンドに練習を見に行っていたんですが、正直、同好会のレベルと変わらない練習でした。『これは時間がかかる』というのが就任したての偽らざる思いでしたね」

藤原監督にとってチームビルディングで難しかったのは、監督が描いていたビジョンを共有できる上級生がいないことだった。目的意識が曖昧《あいまい》なまま競技を続けてきた学生には、監督の熱を共有することはハードルが高かったのかもしれない。そこで藤原監督は1年生の舟津《ふなつ》彰馬《しょうま》を主将に指名する。荒療治である。

ところが、2016年の箱根駅伝予選会は中大にとってつらいものとなった。わずか44秒差で落選。大正14年の第6回大会から続いていた連続出場記録が、87で途切れた瞬間だった。予選会でOBをはじめとした支援者に報告会が行われるが、この時の中大の報告会ほど重苦しい現場に遭遇したことはない。最初、舟津は淡々と話し始めた。

「11位という本当にあと一歩の順位で、本当に申し訳ありませんでした」

ここで、少し間が出来た。たぶん、感情が高ぶったのだと思う。

「外部から心ない声や、本当に今年は大丈夫なのかと、多くの声をいただきました。でも、自分たちはやれると思いながら、やってきました。それに対して、誰も文句は言えません。もし、先輩方に文句を言うような人がいたら、自分が受けて立ちます。自分にすべてぶつけてください。先輩に心ない声や、そんなことを言うような人がいたら、自分は許しません」

のちになって、この日のことを藤原監督に振り返ってもらったことがある。「覚悟はしていました」と監督は言う。

「事前の練習から、厳しいレースになることは想定していました。もしも、予選会をクリアできなかったら、自分は辞めなければならないとも思っていましたが、たとえ辞めることになっても、この部分をこう変えていく必要がある、ということを大学側に伝えなければならないと思っていました」

数日後、大学経営陣に報告に向かった時は、「針の筵《むしろ》」だったというが、頭を下げながらも改善点は伝えた。それは強化予算であり、指導者といった「リソース」の問題だった。

そしてこの会合は大きな意味を持った。

「箱根駅伝という晴れ舞台が、どんな形で競争が行われているか、それを大学側にご理解いただけたように思います。予選会は通過した方が良かったに決まっていますが、あの経験があったからこそ、大学、指導者、そして学生がようやくひとつの方向に向かって走り出せたのかなと思います」

それでも時間はかかった。ようやくシード権を獲得できたのは2022年大会のこと。監督就任から6年目のことである。

「戦えるチームができたのは、やはり私が実際に勧誘した選手たちが4学年そろった2020年あたりからでしょうか。この年には吉居大和《よしいやまと》（仙台育英高卒）、中野翔太《なかのしょうた》（世羅高卒）といった高校時代から実績のある選手たちが入って来たこともあり、ブレイクスルーのシーズンになると思っていました」

ところが、コロナが始まった。強化日程はイレギュラーにならざるを得なくなり、シード権の確保は翌シーズンの2022年大会まで待たなければならなかった。そして23年。2区で吉居大和が区間賞を獲得して首位に躍り出た。4区は吉居兄弟の弟・駿恭《しゅんすけ》がつなぎ、復路では4年生が活躍して総合2位。「名門中大」は完全に復活したのである。

中大のこの10年の流れを見ていると、名門とはいえど、どん底に至るまでの時間はアッという間であり、そこから這《は》い上がるには少なくとも4年という時が必要ということが分かる。そして２０２３年、「優勝」の背中らしきものを中大は捉えたのだ。

「２０２３年、駒澤さんとの差は、１年間優勝を追い求めてやってきた学校と、３位以内を目標に掲げていたウチとの違いだったと思います」

これまで、藤原監督は学生たちに向かって「優勝」という言葉を使わないようにしてきたという。それは身の丈に合ったゴールとは言えないと思っていたからだ。しかし、いまは違う。

「努めて、『優勝』という言葉を使っていきたいと思います」

組織が生まれ変わった時、そこに息づく言葉さえも変わっていくのだ。ただし、こう付け加えることも忘れなかった。

「いまの私だったら、２０１６年のチームは引き受けられなかったかもしれない。まだ若くて、無鉄砲で、情熱があったんです」

●東洋・酒井監督

酒井俊幸監督は、２００９年の春に福島県の学法石川高校の先生から、東洋大学の監督に転身した。私がインタビューした際に、当時のことをこう振り返っている。

「母校から監督の話をもらったのは、本当にありがたいことでした。監督を引き受ける前、２００９年の箱根駅伝で初優勝したレースも見に行ってたんですよ。やっぱり、この舞台で選手を指導してみたい、そういう思いがふつふつと湧いてきたのが分かりました」

そして学法石川の生徒たちには「お話があります」と話し、大学の監督になることを伝えた。福島には背中を見せるわけだから、どんな言葉が返ってくるのか、厳しい言葉も寄せられるのではないかと覚悟していたというが、生徒たちは背中を押してくれたという。

面白かったのは、新監督を迎えた東洋大学の学生たちの反応だった。当時の選手はこう振り返る。

「あの時、酒井監督は32歳だったんですよ。なんだか〝あんちゃん〟が来たような感じでした。高校の先生だったということもあって、本当に担任の先生が新しくやって来たという感じでしたよ」

就任してすぐの年度に箱根駅伝で優勝し、東洋大としては連覇を達成する。翌年は早稲田に敗れて苦杯を喫し、柏原竜二《かしわばらりゅうじ》らの黄金世代が4年生を迎えた２０１２年には、当時としては驚異的な10時間51分36秒という大会記録を樹立して三度目の優勝を果たす。2位の駒大に9分2秒もの大差をつけての優勝で、この記録はしばらく破られないのではと記者室で話したことを記憶している。

酒井監督のクリエイティブなアイデアで優勝を引き寄せたのは、２０１４年の総合優勝だろう。

柏原が抜け、東洋大にとっては5区で貯金できる資本を失ってしまっていた。それでも設楽啓太《したらけいた》・悠太《ゆうた》（ともに4年）の双子、服部勇馬《はっとりゆうま》（2年）・弾馬《はずま》（1年）の服部兄弟がいて、戦力は十分にそろっていた。酒井監督はいろいろなオーダーを考えたという。

「5区を柏原は1時間16分で上りましたけど、普通、区間賞のラインは1時間19分です。しっかりと上れる選手が1時間20分以上かかっても不思議ではないですから、やっぱり5区に走力のある選手を準備しないと勝てない時代でした」

そこで起用したのが、設楽啓太だった。トラックが得意なスピードランナー。しかし、酒井監督は彼の上りの適性を見抜いていた。柏原の力感のあるフォームとは違って、設楽はスムースに体重を移動していく感じで快調に山を上った。トップでたすきを受けていたこともあり、後続との差を広げて往路優勝を決めた。前年、5区で区間賞を獲得して総合優勝を引き寄せた日本体育大学の服部翔大《はっとりしょうた》を抑えて区間賞を獲得したのだから見事である。

この年、酒井監督は2区に服部勇馬、3区に設楽悠太を配置してトップに立ったが、平地と予想された兄・啓太をまさかの5区に起用するクリエイティブな采配《さいはい》で、駒大、日体大、早大に一歩先んじた。そしてとどめは7区に配置した服部弾馬。1年生ながら余裕を持ったレース運びで2位の駒大に2分近い大差をつけて総合優勝をほぼ手中にした。

10年以上、酒井監督の言葉を聞いてきたが、クリエイティブなプランを実行に移せた時、東洋大の選手たちは結果を残す。そのためにはライバルとなる学校の監督たちの戦略への「傾向と対策」を練ることも怠らない。

「実は、生島さんが書いた他の学校の監督さんのインタビューはちゃんと読みます（笑）。自分とは違う発想をしている監督さんもいらっしゃるので、いろいろと参考にさせてもらってます」

クリエイティブな指導は、続々と日本を代表するランナーを生むことにもつながってきた。設楽悠太はマラソンの日本記録を更新し、1億円を手にしたことで話題になった。東京オリンピックのマラソン代表には服部勇馬が選ばれ、10000mには相澤晃《あいざわあきら》が選ばれた。東洋大時代、上級生になってからの成長がオリンピックへとつながったように思う。

そして酒井監督は、違った形でオリンピックへの挑戦を続けている。いま、酒井監督は体育の教員だった瑞穂《みずほ》夫人とともに、競歩の指導でも実績を上げている（瑞穂さんはもともと競歩の選手である）。東京オリンピックでは２０２１年卒業の池田《いけだ》尚希《こうき》が20㎞競歩で銀メダルを獲得する。そして22年のオレゴン世界陸上では、20㎞で池田が銀、東京オリンピックの50㎞競歩では6位だった川野《かわの》将虎《まさとら》が、新設の35㎞で銀メダルを獲得し、東洋大で育った選手たちが世界の舞台で活躍している。

酒井監督は、競歩と長距離ロードレースの関連性についてこう話す。

「競歩へのアプローチと、トラック、ロードへのアプローチには〝相互乗り入れ〟というか、ノウハウを生かせる面があります。その意味では、いろいろなチャレンジをすることで様々な可能性を拡げていきたいです」

競歩が注目されるタイミングというのは、どうしてもオリンピック、世界陸上という機会に限られてしまう。すべて、真夏の開催だ。暑熱対策が必要で、そのノウハウが蓄積されていき、マラソンでも応用が利くようになった。２０２２年の北海道マラソンでは箱根駅伝の出場経験がない柏《かしわ》優吾《ゆうご》（当時4年）が2時間11分41秒で日本人トップとなり、パリ・オリンピックに向けての選考レース、マラソングランドチャンピオンシップ（MGC）への切符をつかんだ。

真夏のレースとあって、MGC出場へのタイム基準が冬のレースに比べて遅いのは、ちょっとした狙い目だった。ここで権利を獲得してしまえば、MGCに向けて長期間の準備ができることも大きなメリットになる。戦略勝ちだった。

こうしたユニークな取り組みの一方、近年は駅伝で苦戦を強いられているのもたしかだ。酒井監督は「駅伝では常に3位以内に入れるチーム作りが必要ですね。3位以内の力がないと、優勝のチャンスがめぐってきた時に勝てませんから」と話す。

2021年には中学、高校で世代トップを張ってきた石田《いしだ》洸介《こうすけ》が入学し、設楽悠太、服部勇馬、相澤晃といった日本代表となった先輩たちの後を追うと考えられていた。入学から2年、石田は期待されたような走りが出来ていないが、残りの2年間でどれだけ次のステージに向けて足場固めが出来るかがポイントとなるだろう。

酒井監督も指導者としての腕の見せどころである。

●早稲田・花田監督

2022年6月に、早稲田に花田勝彦監督がやってきた。早大構内で行われた記者会見では、「なんだかホームに帰ってきたような気持ちです」と話していて、「花田さんにとって、いるべき場所は早稲田だったのかな」、と個人的に感じていた。

花田さんは彦根《ひこね》城内にある彦根東高校出身。最近では野球部が甲子園に出場しているが、のちにオリンピック選手となる花田さんが高校生の時の陸上部の顧問は、数学の先生で陸上の素人だった。

「そういうわけで、自分でいろいろ調べて練習を組み立てていました。高校3年の時にはインターハイにも出場して、瀬古さんが勧誘に来てくださったんですが、父からは国立大学に進学して欲しいと言われていたので、最初はお断りしていたんです。でも、世界の瀬古さんから、『花田君、一緒に世界を目指さないか』と言われると、やっぱり心は動きますよね」

そこで都の西北へと進学するが、聞いていた話とは違うことが起きた。

「瀬古さんは、『花田君、僕はマンツーマンで君の面倒を見るよ』と言っていたんです。ところが、タイムが出ないと見てくれないんですよ（笑）。同級生の武井《たけい》（隆次《りゅうじ》）、櫛部《くしべ》（静二《せいじ》）、それにナベ（渡辺康幸）が入って来てからは、彼らの練習を見ることが多くて。

話が違うじゃないかと思ってたんです。当時、瀬古さんとはケンカばかりでした」

腐りかけていた。そんな時、寮にある公衆電話から滋賀の実家に電話をかけた。

「彼女もいないですし（笑）、母に愚痴ってました。でも、母から『私でもあなたのことはマンツーマンで見ない』と言われました」

大学3年がひとつの転機だった。トラックでメキメキと頭角を現し、箱根駅伝で早稲田が優勝した時は4区で区間新記録をマーク。「世界を目指しているわけですから、区間賞じゃなく、区間新を出さないとダメだと思っていました」

その後はアトランタ、シドニーと2大会連続でオリンピックに出場するまでになる。

2004年に引退すると、上武大学の監督に就任したが、そのきっかけとなったのが、上武大の学生から寄せられたメールだったというから人生は分からない。ただし、その前から指導者の道に進むチャンスはあったという。

「2000年のシドニー・オリンピックが終わった後、瀬古さんから『花田、早稲田の監督にならないか』という話をいただいたんです。でも、自分としては4年後のアテネを目指したい気持ちもあって、お断りしたんです。その時、瀬古さんは『これから、実力は落ちになっていくから、指導者になるにはいいタイミングなんだけどな』と私に言っていて、その見立ては正しかったんです」

一般に、瀬古さんは無頼派のように見えるかもしれないが、選手の特性を見る眼にはたしかなものがある。

その後、早稲田は花田監督の2学年後輩に当たる渡辺康幸氏が監督に就任し、2010年度に大学駅伝三冠を達成する。まったくもって、人事とはタイミングである。

花田監督は上武大学を2009年に箱根初出場に導き、その後、16年にGMOインターネットグループの監督として22年まで選手たちの指導に当たった。

ある意味、身軽な立場になっていた時に、瀬古さんから「花田、早稲田が苦しんでる。ちょっと手伝ってやってくれないか」と声をかけてもらったことが、早稲田に帰ってくるきっかけとなった。

早稲田での1年目、箱根駅伝予選会は4位で通過、三週間後の全日本大学駅伝では6位、そして箱根駅伝でも6位と、全日本と箱根ではシード権を確保した。取材で話を聞いていると、この結果はまったくもって順当だった。花田さんは言う。

「1＝1、練習でやったことをそのまま試合で出そうと学生たちには話していましたね」

No Non-sense. という言葉が思い浮かぶ。花田さんの指導は極めて合理的で、練習でやったことがそのまま早稲田の力だった。箱根でひとつ気になったのは、早稲田の選手たちは集団では必ず後方に控えていたことで、決して前には出ない。それにも理由があった。

「集団になったら、後方で自重するように話していました。早稲田のファンの方は、集団を引っ張る展開になることを期待しますよね。でも、今年はそういった練習はしていなかったので、慎重にレースを運ぶように指示したんです」

だからブレーキもなく、早稲田は実力を出してこの結果を得た。

花田さんは選手の指導に関して、「ティーチングとコーチングの割合が、選手や集団の特性によって変わってきます」という。

上武大時代は食事指導をはじめ、講義スタイルを取ることもあり、ティーチングの割合が7と比重が大きかったという。早稲田は伝統的に選手の意思が尊重されるため、コーチングの比重が大きくなっている。

「学生に対しては、『コーチは辞書だから』と話してます。疑問があれば、その答えを準備できるのがコーチだと思っているので、学生にはどんどんコーチを利用して欲しいと話しているんです」

学生たちは、監督のことを「花田さん」と呼ぶ。花田監督によれば、「それは監督と選手という上下関係ではなく、たまたま競走部の先輩である私が指導しているという立場ですから」ということだという。

花田さんと話すのは楽しい。食事の席も賑《にぎ》やかになるし、話がいろいろな方向へと広がっていく。

2023年は、私が非常勤講師を務める早稲田大学の「スポーツジャーナリズム論」で、ゲスト講師としてキャンパスに足を運んでもらい、学生たちの質問を受けてもらった。なかでも印象的だったのは、早大の学生時代に図書館で出会った一冊の本のことだった。

「『フランク・ショーターの闘い』という本に出会えたことが本当に大きかったです。ショーターは、1972年のミュンヘン・オリンピックのマラソンの金メダリストですが、彼が現役時代、科学的な計測をしてみたら、とてもオリンピックに出られるような数値は出なかった。ところが、彼はそこから一念発起して金メダルを手にするわけですが、私も大学3年の時の計測では、『花田に長距離は無理だ』という数値しか出なかったんです。でも、そこから食事の改善に自分自身で取り組んだりして、大学3年の時にグンと強くなれたんです」

その後、花田さんは実際にショーターに出会い、上武大の監督時代には「あなたの本を読んだおかげで、二度もオリンピックに出場できたんです」とショーターに話すと、それはそれは大喜びしてくれたという。

「一冊の本の出会いが人生を変えてくれることもあるんです」

私の夢は、いつか花田さんについての本を書くことだ。そして、それが誰かの人生に影響を与えるとしたら、本望である。

●青山学院・原監督

ちょっと前のことだが、爆笑問題《ばくしょうもんだい》の田中裕二《たなかゆうじ》が、ラジオでこんなことを言っていた。

「お正月だとさ、〝原監督〟っていうと、青山学院の原監督のことをみんな連想するようになってきたでしょ。俺、それは嫌なんだよ。俺にとって、原監督といえば〝巨人軍の原辰徳《たつのり》〟のことなんだよ！」

若干、キレ気味に話していたので笑ってしまった。たしかに、それほど青山学院大学の原晋監督の存在感は大きくなった。

青山学院が箱根駅伝で初優勝したのは、2015年のことだった。青学のポピュラリティというのは、それまでの箱根駅伝の文脈のものとは違っていて、箱根駅伝が終わったあと原監督と学生たちが積極的にバラエティ番組に出演したりして、既存のファン層とは違うエリアを開拓した。

特に嵐《あらし》のバラエティ番組に出たことで、それが台湾《たいわん》に波及したと聞いた時はさすがに驚いた。台湾の嵐のファンが、青学にスピンアウトしたようなものだ。そのなかから、「青学に留学したい！」と思う女子高生が出たりしているというのだから、箱根駅伝の影響力は海外にも及んでいるといっても過言ではない。

これなんぞ、私がアメリカのカレッジフットボールと、カレッジバスケに熱狂して、通ってもいない大学を贔屓《ひいき》にするのと同じだろう。それほど、カレッジアスリートは力を持ちえるのだ。

この「渦」を作り出したのは間違いなく原監督で、選手の表現力が豊かなことを重視したことはとても大きかったと思う。競泳のオリンピックのコーチが、「21世紀は、感覚が鋭かったり、表現力が豊かな選手じゃないと、世界と戦えないよ」と話していたことを思い出す。これは２０００年のシドニー・オリンピックのあたりの話で、選手のクリエイティビティがこれからの鍵《かぎ》になるとそのコーチは話していた。

走ること、それは自らを表現することに他ならない。表現欲求が強い選手は、考え、しっかりと練習する。原監督はそれを理解していて、言葉を持っていたり、話した時に感じのいい学生をリクルートしていたと思う。

青山学院のこれからの強化策、チームの方向性の打ち出し方にはひじょうに興味が湧く。いま、優勝を狙う学校ほど、海外遠征などを積極的に打ち出しているからだ。駒澤は卒業生の田澤廉がどんどん海外のレースに出場しているが、佐藤圭汰もそれに続くだろう。中央も吉居兄弟が冬にアメリカで高地トレーニングを行い、兄・大和は２０２３年の６月にはオーストリアのトラックレースに出場している。

そして、なんといっても順天堂の三浦龍司《みうらりゅうじ》は22年9月にダイヤモンドリーグに出場して4位に入った。日本インカレとスケジュールがかぶっていたが、世界を優先した決断に強固な意志を感じた。そして4年生になり、23年6月のダイヤモンドリーグ・パリでは8分09秒91の日本新記録を出して2位に入っている。もはや「世界のミウラ」である。

長距離のエリートを預かる学校は、世界を意識した強化日程を組むようになってきたが、その点、青山学院は「1月2日、1月3日」を中心にした強化を進めているように見える。トラックのシーズンでも、かなり走り込みを意識した練習を組み、スピードよりも地力をつけようという意図が見える。

これからこの方針を維持するのか、それともアディダスとのパートナー関係を生かして、海外でも経験を積める路線を打ち出すのか。その点に注目が集まる。

私は、この方針は原監督が箱根駅伝のことが好きで好きで仕方がないからだと思っている。いまや、箱根駅伝は学生スポーツ界で最も影響力を持つ大会、いや社会的なイベントとなり、そこにはいくつかの「渦」が生まれている。その渦の数が他の競技会と比べて尋常ではないのだが、原監督の作る渦はとても大きい。箱根駅伝で勝つこと、それは青山学院の陸上長距離ブロックにおける存在価値そのものにつながっているのが、ここ数年でハッキリしてきたように思う。私も、学生たちが「ウチは箱根駅伝で勝つことがすべてですから」と話し、メンバー入りを熱望する声を聞いてきた。

大学陸上界全体のこうした動きに、有望な高校生たちは敏感に反応している。高校生のなかでもエリート中のエリート、将来は世界で勝負したいと思っている学生たちは、海外に積極的に進出している学校を選ぶ傾向が強くなってきた。

特に、三浦を抱える順天堂大にはスピードランナーが集まりつつあるし、吉居兄弟がシンボルの中大に関心を寄せるエリートが増え、かなり早い段階で志望校として決める学生が増えた。中大は駅伝でも復活基調にあり、こうした勢いのある学校は、学生にとって魅力がある。

そうなると、青山学院のリクルーティングにおけるポジションが変わってくる。これまでも世代トップのランナーが入学はしていたが、このところは「駅伝が好き」な学生が青山学院を選ぶ傾向が強くなっている。2020年に入学した佐藤《さとう》一世《いっせい》は「駅伝が大好きで、青山学院で優勝したかったので、青学を選びました」と話している。

箱根駅伝を重視する原監督と、駅伝というチームスポーツに惹《ひ》かれる高校生は相思相愛ということになるわけだが、私の推測では、原監督も青山学院の学生、そしてOBから日本代表を出したいと思っているはずだ。これまでの原監督の手法としては、学生のうちからフルマラソンを経験させ、土台を作ってから社会人に送り出すというスタイルを採ってきた。その流れのなかで、吉田《よしだ》祐也《ゆうや》（GMOインターネットグループ）や、2023年の別《べっ》府《ぷ》大分毎日マラソンで日本学生記録をマークした横田《よこた》俊吾《しゅんご》（JR東日本）が学生時代に好結果を残してきた。また、トラックでは田村《たむら》和希《かずき》（住友電工）が東京オリンピックの代表まであと一歩に迫るところまで力を伸ばしている。

さて、ここから誰かが一段上に行くことが出来るだろうか。卒業生の活躍はリクルーティングにも影響を及ぼすのだ。

それにしても面白いと思うのは、原監督自身は中京大学の出身で、大学時代は青学や箱根に縁もゆかりもなかったということだ。ただし、ご本人にインタビューした時は、「関東の大学に進学したいという思いはありました」と話していた。いろいろな事情があってその夢はかなえられなかった。もしも、原監督が意中の大学に進学していたとしたら、青山学院だけではなく、箱根駅伝の歴史も変わっていただろう。人の流れは、かくも不思議なものなのである。

●青山学院のはなし

私は2005年に『駅伝がマラソンをダメにした』（光文社新書）という本を書いた時に、「陸上の仕事は、こりゃ来ねえだろうな」と思っていた。当時はメジャーリーグの仕事が優先事項だったし、それまで一度も陸上関係の取材をしたことはなかった。単に小学校の時から見続けてきた陸上長距離のことを書きたかっただけである。

ところが驚いたことに、この本を書いたことで現場とのつながりが出来たのだが、より駅伝の取材にのめり込むことになったのは、青山学院大学との「縁」が出来たことが大きかった。

青学大を取材していて感じるのだが、最大の魅力はその「表現力」にある。当然、その筆頭に挙げられるのが原晋監督だ。原監督とのインタビューでいちばん印象に残っているのは、初優勝した数日後、『文藝春秋』向けに話を聞いた時だ。

この時は幼少期の話に始まって（海で泳いでいた話など）、世羅高校時代の苦い思い出、中京大進学の経緯、そして中国電力時代の話などを聞いた。なかでも、中電時代に駅伝で失敗した時の話は印象に残っている。

「私だけブレーキになったんです。その翌日、職場に出社した時の空気が忘れられないね。みんな、腫物《はれもの》に触るような感じで。あれはつらかった。私は中国電力の強化一期生として入社して、しかも地元出身。期待も大きかったんです。それで結果が出ない時の惨めさ。あの悔しさはいまだに忘れられない」

原監督の会話の回路には、いくつかの「チャネル」があって、テレビに出演する時はサービス精神が旺盛《おうせい》に発揮される。それもまた原監督の一部であるが、活字媒体で話を聞く時は違うチャネルの回路が開く。そこでは思いもしなかった話が何年経っても出てくる。

原監督にはいろいろなものが眠っていると思う。

監督が「話す人」なので、学生たちも表現力が豊かで話を聞いていると楽しい。藤川拓《ふじかわたく》也《や》、川崎友輝《かわさきゆうき》、高橋宗司、神野大地《かみのだいち》、久保田和真《くぼたかずま》、小椋裕介《おぐらゆうすけ》、渡邉利典《わたなべとしのり》といった初期のメンバーからはじまって、2023年度の4年生、志貴勇斗《しきはやと》、佐藤一世にいたるまで、それこそ何十人と話を聞いてきた。

高橋、渡邉のふたりは私と同じ宮城県出身ということもあって応援していたが、ふたりともユニークな人材で（彼らはアート方面に興味を持っていた）、陸上の経験談も話題が豊富だった。

そして忘れられないのは、神野大地が3年生の時である。山上りの想定練習を行った夕方にちょうど取材の時間が取れた。開口一番、彼はこう言った。

「僕、山を上ることになりそうです」

かなりの手ごたえがあったようで、そのあと、原監督も興奮の面持ちで、

「生島氏、これはウチが優勝するよ。神野は山の神級だよ」

と話していたのが忘れられない。そして2015年、青山学院は神野の快走もあり、初めて優勝する。その前の晩秋の時点で、青山学院の面々は優勝できるという確信に近いものを抱いていたのだ。

その後も、森田歩希《もりたほまれ》、鈴木塁人《すずきたかと》などのキャプテンにはそれぞれに思い出があるが、最近

では2021年度の主将、飯田《いいだ》貴之《たかゆき》の取材が面白かった。

その時は箱根駅伝での総合優勝を受けてのインタビューだったのが、「3年までは復路ばかりだったので、最後の箱根は往路で勝負に絡める区間を走りたいです、と監督には話しました」という話から始まって、全日本大学駅伝で自身がアンカーを務めながら駒大に突き放されたことなど、レースでの思い出を話してもらった。そのうち、彼が4年間のすべてのポイント練習の達成度、感触を記憶していることが分かった。

「僕が外したのは、1年生の時の9月の30㎞走だけです。でも、それは設定がきつめだったので、みんな設定通り走れない感じでした」

箱根を走るレベルの選手になると、「走りの記憶力」がハンパないと感じる。中学時代の3000mのレースで、どの地点でスパートをかけただとか、細かいところまで鮮明に覚えている選手が多い。しかし、飯田の記憶力はちょっと段違いで、しかもそれを面白く話せる力があった。たとえば、こんな感じで。

「1年生の時は箱根の8区を走ったんですが、直前に車で下見に行ったんです。でも、自分は8区は走らないだろうと勝手に思っていて（笑）、車の中で居眠りしちゃったんですよ。8区の難所には遊行寺《ゆぎょうじ》の坂がありますが、実はその前にフェイクがあるんです。あ、ここが遊行寺かっていうような。そこで頑張っちゃったら、その後にホンモノの遊行寺の坂が現れて（笑）。あれはキツかったです」

青学大は主将がメディアに登場する機会も多いから、話せば話すほど言葉が豊かになっていく。きっと、それは彼らの将来にも大きくプラスになっていくはずだ。

そしてなんといっても青学大は「主務」がいい。主務のことをマネージャーのひとりと思っている人が多いかもしれないが、青学大で主務の仕事を大過なくこなせれば、一般企業では即戦力となると思う。

最初に縁が出来たのは２０１１年度の主務、橋本直也《はしもとなおや》君だったが、彼は出雲駅伝で優勝した時に、「生島さん、やりました！」と私をハグしにきたので、思わず笑ってしまったほどだった。

橋本主務はもともとマネージャー希望で青学大に入学してきたという変わり種だった。マネージャーの仕事は多岐にわたり、日ごろの練習ではストップウォッチでタイムの読み上げをするが、「読み上げるのにも、選手のやる気を出せるようにするコツがありますね。上手《うま》い下手、あるんですよ」と教えてくれたのは箱根駅伝で初優勝した時の主務、髙木聖《たかきせい》也《や》君である。

競技面だけでなく、主務は広報窓口ともなる。テレビ、ラジオ、新聞・雑誌の担当記者との調整もするので、自然と大人と接する機会も多くなる。そこで監督、選手の意向と記者のニーズをすり合わせていくのも主務の仕事なので、1年間主務を務めるとトーク力がつくのは間違いなく、原監督が「主務は社会へ出るための登竜門みたいなものかな」と常日頃から言っているのも理解できる。

ありがたいことに、髙木君とはいまも交流があって、たびたび食事を共にする。年下の友人の就職から結婚、そして陸上とのかかわり方を遠くから見ている感じだが、必要とあらばヘルプしたいと思っている。陸上でつながった縁は、なんとも不思議なものだ。

青山学院は監督から始まって選手、主務、そして合宿所で時折話せる学生たちから「奥さん」と呼ばれている寮母を務める原美穂《みほ》さんにいたるまで、とにかく関係者と話すのが楽しい。

楽しければ、思い入れも強くなる。たぶん、それが私の原稿を書く作業に元気を与えてくれていると思う。

そう、青山学院は私に元気を与えてくれるのだ。

●コーチング・ツリー

ここまで監督たちの〝模様〟を書いてきたが、アメリカに「コーチング・ツリー」という言葉がある。

Aという名将がいたとする。アシスタントコーチたちが名将の下でノウハウを学んでいると、他のチーム、大学から声がかかるようになる。もちろん、監督の仕事だ。そしてかつてはアシスタントだったB、C、Dが他校で監督となり、そしてBからもEという弟子がさらに育っていく。Aから派生したコーチ人脈は、樹形図のように伸びていくことから、「コーチング・ツリー」と呼ばれるようになった。

日本でも野球の世界では、樹形図を書くことができる。たとえば、プロ野球。野村克也《のむらかつや》監督の下からは、髙津臣吾《たかつしんご》（ヤクルト）、石井一久《いしいかずひさ》（楽天《らくてん》）といった愛弟子《まなでし》たちが監督となって活躍している。その他にも巨人の系列、そこから派生した西武の系列があり、大きな流れを作っている。

そして大学長距離界にも樹形図らしきものが出来つつある。

いま、ノリに乗っているのが「駒大系列」の樹形図だ。言うまでもなく大八木弘明監督が21世紀に入ってから駒大を強豪へと育て、大八木門下で育った選手たちが、いまは指導者として活躍している。2023年からは大八木監督が総監督という立場となり、最初の教え子である藤田敦史コーチが監督へと昇格して、駒大は新たな時代を迎えた。

その他に、現在上り調子の國學院大学の前田康弘監督は、駒大が2000年に初優勝した時のキャプテンだった。卒業後は富士通で競技を続け、競技生活を引退後は家業を継ぐべく第二の人生を歩んでいたが、経営者であるお父様の急死に伴って会社は閉鎖。07年に本格的な強化に乗り出した國學院大のコーチに就任すると、09年に監督へ。そして19年には出雲駅伝で初優勝するなど、着実に階段を上がってきた。

面白いのは、國學院大の合宿所の最寄駅が東急田園都市線《でんえんとし》の二子新地《ふたこしんち》駅であること。もともと駒大は二子玉川《ふたこたまがわ》駅からバスで15分ほどのところに合宿所、そしてグラウンドがあるが、「東急沿線」が駒大樹形図のシンボルになっている気がする。

そしてコーチング・ツリーの本家というべきか、日本の陸上競技界に大きな影響を及ぼしてきたのは、日本体育大学と順天堂大学の2校だ。

日体大は1949年に箱根駅伝に初出場。69年に初優勝すると、73年まで実に5連覇を達成する。「団塊の世代」が大学生となって黄金時代を迎えたわけだが、昭和のこの時期は、「学校の先生」がステータスを意味した時代であり、全国から日体大を目指して多くの学生が集まってきたことが強さを支えていた。日体大を卒業し、高校の教員になった先生が、自分の教え子で有望な選手がいた場合、日体大に進学を勧めるという流れが出来ていたことも大きい。

日体大から輩出された指導者を挙げてみると……。

・大後栄治（神奈川大学監督）
・川嶋伸次《かわしましんじ》（元東洋大学監督）
・別府健至《べっぷけんじ》（元日体大監督、現ロジスティード監督）
・平塚潤《ひらつかじゅん》（城西大学元監督・現城西大准教授）

大後、別府両監督は箱根駅伝の優勝経験を持っている。日体大イズムが花開いたと言うべきだろう。最近の日体大は監督の入れ替わりが激しいが、2020年から指導に当たっている玉城良二《たまきりょうじ》監督も、もちろん日体大のOBだ。

心配なのは、日体大の樹形図が今後、どのような展開を見せるかということだ。少子化の影響で学校の数自体が減っている状況で、教員志願者も数を減らしており、就職を考えた時に体育大学を敬遠する傾向は数十年前から始まっている。これだと、コーチング・ツリーがなかなか広がっていかない。日本社会の変遷が影響を及ぼしている。

そして1970年代から日体大に対抗する勢力となっていったのが、順天堂大学である。順大は66年に初優勝すると、70年代は日体大と覇権を争い、79年、81年、82年と優勝。そして86年から89年までは4連覇し、黄金時代を築く。ちょうど箱根駅伝のテレビ生中継が始まった時期なので、印象に残っている人も多いだろう。順天堂大は澤木《さわき》啓佑《けいすけ》監督のもと、実績のある指導者が育っている。

・上田《うえだ》誠仁《まさひと》（山梨学院大学顧問）
・川崎《かわさき》勇二《ゆうじ》（中央学院大学監督）
・仲村《なかむら》明《あきら》（元順天堂大学監督）
・長門《ながと》俊介《しゅんすけ》（現順天堂大学監督）

長門監督は、東京オリンピックの3000m障害で7位入賞を果たした三浦龍司を育てていることで注目を集める。駅伝だけでなく、トラックにも人材を輩出していることは高く評価されている。

大御所ともいうべき澤木監督は「陸上は科学」と私に話してくれたことがある。順天堂大には医学部があり、医学との結びつきが生まれる（順天堂大の新入生は、スポーツ健康科学部と医学部の学生がルームメイトとなる）。それがいまに至る強さの源だと感じる。

山梨学院を常連校へと育てた上田監督は学生時代、3年連続で5区山上りを担当し、1979年、81年には優勝を経験している。川崎監督は3年生の時だった84年に7区を一度だけ走っている。

上田、川崎両監督に共通しているのは山梨学院、中央学院ともに新興校であるがゆえに、リクルーティングでは苦戦を強いられざるを得ないが、じっくりと選手を育成していくメソッドがあるということだ。1年生で区間賞を取るような人材はいないにせよ、上級生になってしっかりとチームに貢献してくれる学生を育て、シード権争いを繰り広げてきた。ゼロからチームを作ってきた実績にはリスペクトを払うしかない。

そして近年、存在感を増しているのが中央大学OBである。2023年大会には母校を指導する藤原正和監督、総合8位に入った創価大学の榎木和貴監督、東京国際大学の大志《おおし》田秀次《だしゅうじ》監督（その後、退任。現Hondaエグゼクティブアドバイザー）、そして久しぶりに本選出場を果たした立教大学の上野裕一郎監督と4人の監督がレースに出場した。

中大OBの特徴はその若さで、藤原監督が1981年生まれ、榎木監督が74年生まれ、そして上野監督にいたっては85年生まれ。上野監督は2023年5月4日には5000mで13分32秒36の好記録をマークしている（2023年7月時点で、立教の学生は5000m

のタイムで監督を超えられていない)。

中央、創価、立教の3校は2020年代の箱根駅伝ではより大きな存在感を発揮していくことが予想され、現在走っている選手たちも将来、指導者へと階段を上っていくかもしれない。今後、中大のコーチング・ツリーには大いに注目していきたい。

そして早稲田の樹形図も根強い。

この樹形図の根幹は、レジェンド瀬古利彦を育てた中村清監督に遡《さかのぼ》る。瀬古さんは早稲田の監督になることはなかったが、早大で実力のある選手たちは、ヱスビー食品に進み、瀬古さんの指導を受けた。

そこからオリンピック選手である花田勝彦(早大監督)、櫛部静二(城西大監督)、渡辺康幸(住友電工監督)が育っていく。また、北京《ペキン》オリンピック代表だった竹澤健介《たけざわけんすけ》は摂南大学でヘッドコーチを務めている。

今後、花田監督の元からどんな選手が育ち、そして指導者として早稲田に帰って来るのか——。そんなことを期待しながら見守っていきたいと思う。

第2章　取材の現場から1

●合宿所

コロナ禍による規制の季節はだいぶ過ぎ去り、取材の様子も様変わりした。2020年から21年にかけてはオンライン取材が主流となり、選手の肉声を聞くことがなかなか叶《かな》わなかった。やはり、対面でないと、その人となりというものはつかめない。

大学によっては2022年の夏合宿あたりから対面取材が解禁され、監督、選手たちに実際に話を聞くことができるようになった。

取材場所は、ふたつに大別される。

ひとつは、グラウンド。練習前にパッと話を聞くことが多い。ただし、ポイント練習のような重要な日ではなく、軽めの練習の日に限られる。

もうひとつは合宿所。話を聞くのは応接室や、食堂のことが多いのだが、合宿所に行くと、選手たちの生活ぶりや監督との関係性、そして掲示物からいろいろな情報が得られる。ただし、雑誌の撮影で行くと、長年の取材であらゆるバリエーションは撮りつくされており、フォトグラファー諸氏はなかなか苦労されている。

各大学の合宿所にはそれぞれの色合いがあるが、その名前が印象的なのは駒澤大学の「道環寮」。きっと、「道環」という言葉には重要な意味が込められているだろうと調べてみると、鎌倉《かまくら》時代初期の禅僧で、曹洞《そうとう》宗の開祖である道元《どうげん》の言葉だった。道元が著した『正法眼蔵《しょうぼうげんぞう》』によれば、道環とは……。
「仏祖の大道、かならず無上の行持あり、道環して断絶せず。発心《ほっしん》・修行・菩提《ぼだい》・涅槃《ねはん》、しばらく間隙《かんげき》あらず、行持道環なり」
なんのことか、さっぱり分からないので、ここは水野弥穂子《みずのやおこ》氏の『原文対照現代語訳道元禅師全集』第一巻から、行持の巻の解説に頼ることにする。

「道環して断絶せず」というのは、教行証（教えと修行とさとり）が一つである道理を道環というべきである。（中略）発心の時、修行の時［など］と分けないのを道環と言うべきである。絶え間なく続いているとは理解してはいけない。四種が同じで、間隙がないのである。

教え、修行、悟りは区別されるものではなく、一体となったもの――。私にはそう読める。大八木監督は道環寮で、練習、そして練習から得られる気づき、それが成長へとつながっていく「環」をこの言葉に込めていたように思える。私は道環寮に行くたびに、道元のことを調べたくなるのだ（「正法眼蔵」は仏教書のなかでも、極めて難解なものだそうだ）。

一方、大きく住環境が変わったのは中央大学だ。かつては京王線の南平《みなみだいら》駅に近い「中央大学南平寮」に、陸上競技部員は他の体育会の学生と一緒に住んでいた。長距離選手も、フェンシングの選手も、相撲部の選手も一緒だった。寮内はカオス的な状況を呈していたが、これはこれで楽しそうだった。他の体育会の部員と一緒に時間を過ごしているので、自然と仲良くなり、卒業後も関係性が維持される。ただし、問題もあった。浦田春生《うらたはるお》前監督はこう話してくれた。

「12月のインフルエンザの流行期になると気が気ではなかったです。いくら自分たちが感染対策をしていても、他の部員はそこまで気をつけているわけではありませんでしたから」

いまは2010年3月に竣工《しゅんこう》した「東豊田寮《ひがしとよだ》」で短距離ブロック、長距離ブロックが一緒に生活している。玄関ロビーには栄光の品々が飾られ、リオデジャネイロ・オリンピックの400mリレーの銀メダリスト、飯塚翔太《いいづかしょうた》の中大時代の写真がパネルになって飾ってある。中大のインタビューは応接室か食堂で行われることが多いが、撮影は天気が良ければ合宿所の裏に流れている浅川《あさかわ》の土手沿いで行われることが多い。土手沿いで撮影していると、一般のジョガーも通っていくが「頑張ってね」と声をかけられることが最近は多くなった気がする。たぶん、中大の成績が上向いてきたことで、周りの人たちの応援のボルテージも上がってきているのだろう。

東豊田寮から多摩《たま》キャンパスまでは自転車でも15分ほどの距離だが、法学部の学生は2023年4月から茗荷谷《みょうがだに》キャンパスに通うことになった。1年生の鈴木《すずき》耕太郎《こうたろう》（彼は私の息子とランニングアカデミーでチームメイトだった）は、「実家のある国分寺《こくぶんじ》からだって茗荷谷に通うのはたいへんなのに、ここからだともっとたいへんです」と苦笑いしていた。

そして町田《まちだ》市に合宿所を構えるのが青山学院大。この「町田寮」には、2015年に箱根駅伝で優勝する前から何度通ったか分からない。青学大の選手たちは、午後の本練習が行われる相模原《さがみはら》キャンパスにジョグで向かう。その距離、およそ5㎞。帰りもジョグで帰って来るので、その行き帰りだけで10㎞も走る。これが青学大の強さを根っこで支えていると思う。ただし、高校時代に距離を踏んでいない選手だと、これだけで疲労が溜《た》まってしまう。OBでもある伊藤《いとう》雅一《まさかず》コーチは言う。

「練習量が少なかった学生だと、グラウンドの往復だけでキツいと思います。それにプラスしてポイント練習をするわけで、オーバートレーニング気味になる1年生もいます」

寮では選手たちがトレーニングに励んでいる姿をよく目にする。玄関ホール、食堂前のちょっとしたスペース。いわゆる「青トレ」なのだが、真面目に取り組んできた選手が結果を出すことが多いのは長年の取材で感じることだ。地下にある食堂へ向かう階段があり、その壁には「今月の目標」が貼られている。どれくらいの距離を走るのか。ターゲットとする大会でどんなタイムを狙うのか。この「目標管理シート」をもとにしてミーティングが行われ、目標設定の妥当性を精査され、そして翌月に達成度のレビューが行われる。ここでも、しっかりと目標を書く選手は強くなる。

青学の取材で珍しかったのは、食堂、応接室が使えず、一度「勉強部屋」で取材した経験である（たしか一色恭志《いっしきただし》の取材だったように思う）。机が三台横に並んでいて、試験中はこの机が埋まってしまうそうだ。

ファンは選手たちが走っている姿しか目にしないが、学生たちはキャンパスに通い、授業を受け、試験を受ける。単位取得は部の沽券《こけん》にかかわる。

その点、早稲田大学競走部は寮と所沢《ところざわ》キャンパスが本当に近いので、出席率の大きな味方となる。歩いても10分くらいだろうか。スポーツ科学部の学生にとっては、寮と大学、そしてキャンパス内のグラウンドで過ごすことが大半の学生生活になってしまう。相楽豊前監督が言っていた。

「競走部の学生の出席率は誇れます。おかげさまで成績も良好です」

近いのはいいことだ――と思うのだが、ラグビー部ＯＢでいまは日本代表にも選ばれているある選手が言っていた。

「僕にはキャンパスが近すぎて、耐えられそうにもありません」

ラグビー部の寮は西武新宿《しんじゅく》線上井草《かみいぐさ》駅近くにある。

●朝練と門限、そして消灯時間

長距離の選手たちは、例外なく早起きだ。朝５時にはもう目を覚まして、体を動かしている。朝のジョグは、大学生にとって強くなるための重要な要素である。特に、青山学院大が強豪校へと成長していく過程では、朝から競い合う環境が彼らを強くしていったと思う。

ただし、本当に朝の練習が必要かどうかは、議論の余地がありそうだ。アメリカに拠点を持つ大迫傑《おおさこすぐる》は、２０１９年の福岡国際マラソンを走ったあとのインタビューで、こう話していた。

「日本の場合、高校も大学も授業があるので、早い時間に距離を稼いでおくという発想だと思うんです。それはそれで構わないんですが、それが5時台でなくてもいいし、8時になってもいいわけです。早朝だと、体調管理が難しいこともありますよね」

たしかに一考の余地はありそうだ。全員が同じ時間に走る必要もないだろう。ただし、一体感の醸成には集団走が向いている。

朝練習を充実させるためには、しっかりとした睡眠が必要になる。早稲田大学の花田勝彦監督は、「体の回復を促すには7時間は睡眠をとって欲しい。ただ、学生も課題などでいそがしいので、なんとか6時間は確保して欲しいところですね。5時間台になってくると、ケガ、体調不良のリスクが高まるのではないでしょうか」と話していた。

いまの学生は授業の出席、課題に追われている。昭和の時代に大学生活をおくった人には、「授業はそんなに出なくてもいいもの」というイメージを持っている人が多いかもしれないが、それは大間違い。特に、コロナ禍でオンライン授業が主流になっていた時期は、課題が増えた。神奈川大の大後栄治監督は人間科学部の教授でもあるが、こう振り返る。

「あの時期は、学生にとってつらかったと思います。それぞれの授業の課題が重たくなったので、睡眠時間を削らないと提出が間に合わない。その後、学生への負担が大きくなりすぎたのではないかという反省があり、先生たちの間でも検討課題になりました」

コロナ禍はそういう意味でも「イレギュラー」だったのだ。

立教大学では朝練習の充実を図るために、２０２２年度から消灯時間が設けられた。立教は20年の春に長距離ブロックの寮が出来たばかりで、いまだに寮則などを作っている段階だ。立教新座高校出身のミラー千本真章《ちもとまつくす》前主将は、他の４年生幹部とも話し合って消灯時間の導入を部員たちに提案した。

「意外に思われるかもしれませんが、門限はありましたが、消灯時間は決まっていなかったんです。早めに寝る人もいるけど、夜10時半くらいに洗面所に歯磨きにやってきて、話していする人もいたりして。朝練習を充実させるためには、しっかり寝た方がいいに決まっているので、10時半消灯を提案しました。そうしたら、下級生たちからものすごく反発がありました」

立教は大学の校歌にも「自由の学府」とうたわれているように、自由を尊ぶ校風がある。個性の強い下級生たちは新たなルールが決められることに反発した。

「『強豪校と同じことをして意味があるんですか？』とか、いろいろな意見が出てきました。そんなこと言っても、強豪校と同じことをしないと強くなれないのもまた事実ですし

（笑）。でも結局、2、3年生は受け入れてくれて、個人的には朝練習の質が上がったと思います。ただし、下級生の言いたいことも分かるんです」

その原因はやはりコロナ禍だった。2020年、21年に入学してきた学生たちは、かなり行動が制限された状態で大学生活をおくらざるを得なかった。授業はオンライン、そして外食は極端に制限された。せっかく大学進学で立教に入ったというのに、合宿所と大学の往復がせいぜいで、あとは淡々と走るしかなかった。

「不満は溜まっていたと思います。いろいろ突き上げがあったなかで、ひと月につき2回まで事前申請をして認められれば、門限を遅らせることも出来るようにしました」

ミラー主将が採ったのは、ガス抜きをしつつも、ルールを増やしていき、練習の質を高めるというものだった。その結果、2022年10月に行われた箱根駅伝予選会で立教は55年ぶりの出場を決めた。

「結果が出て、本当に良かったです。僕たちは卒業しますが、後輩たちはこれまでのやり方を参考にして、より立教を強くしてくれると思うので」

門限の運用は、各大学によって様々だ。高校生のなかには、「門限を遅らせられる日があるのなら」ということで、大学を選ぶ選手もいる。

一方、厳格に運用しているのは青山学院大だ。門限時間は、どんなことがあっても絶対厳守。学生たちがよく使う小田急線が遅延したとしても、認められない。だからこそ、学生たちは都心に出かけていたとしても、余裕をもって町田までは帰ってきている。私が知る限り、門限を破る学生は皆無に近い。

２０２３年度の志貴勇斗主将、そして1年生から主力として活躍してきた佐藤一世に「他の大学では、特例があるみたいですね」と話すと、「羨《うらや》ましく思うこともありますが、青学には青学の良さがあるので」と言っていた。青学大はその感情表現から自由奔放に思われがちだが、厳しい寮則のもとで強さを生んでいる。

私の印象では、寮内のルールが安定している学校は強い。取材で興味深かったのは中央大学のケースで、藤原正和監督がやってきてから、幹部の代替わりのたびに寮則について話し合いが行われてきたという。決まらないまま数か月が経過してしまうこともあったらしい。それが落ちついたのは、２０２１年度の井上大輝《いのうえだいき》主将の時だったという。必要なことを洗い出し、あまり時間をかけずにルールが決まった。するとこの年、中大は久しぶりにシード権を獲得した。２０２２年度の若林陽大《わかばやしはると》主将は、「基本的に井上さんたちが決めたことを踏襲しました」と言い、練習以外のことに労力を割かれることなく、早い段階から強化に取り組めたことが結果につながったのではないか、と話していた。

レースでは見えない部分だが、部内のルールがどのように運用されているかによって競技力にも多少の影響が出るのは避けられないようだ。

大学生だからこそ、自由を謳歌《おうか》したい。それでも、速く、強くなるためにはルールも必要である。自由と規律。それは学生だけではなく、人間にとって永遠のテーマなのかもしれない。

●合宿地

8月から9月にかけては夏合宿の季節となる。私も毎年のように青学大、中大、早大の合宿地に出かけていく。

まず、押さえておかなければならないのは、合宿はチームの戦力を大きくアップする機会だということだ。2016年、中大が箱根の予選会を通過できなかったあと、藤原正和監督は大学の経営幹部に対して、合宿予算の必要性を説明した。しっかりと選手を追い込める時期を作ることは強さを生むことにつながるのだ。だからこそ、予算も潤沢にあった方がいいに決まっている。

それと、夏のインターハイが終わったあとだと、有望な高校生が合宿に参加していることもあって、ああ、この選手はこの大学に進むのか――というのが分かったりする。高校3年生だけでなく、2年生も練習メニューを体験したり、大学生たちと一緒に食事をしたりして部の雰囲気をつかんでいく。もちろん、監督、コーチ陣は高校生がどんな性格なのかを観察している。

いまもいろいろな合宿地を訪れるが、だいたいは高原のリゾートである。最近だと長野・菅平《すがだいら》、新潟・妙高《みょうこう》高原、岐阜・御嶽《おんたけ》、山梨・西湖《さい》といった場所に電車、あるいは車で向かう。監督、選手たちは東京にいる時とはまた違った顔を見せてくれる。

思い出深いのは、北海道の深川《ふかがわ》だ。最近はあまり出向かなくなったが、かつては複数の大学が合宿を行っていて、取材が終わってからは旭川《あさひかわ》に出るのが楽しみだった（やり投げの北口榛花《きたぐちはるか》選手の故郷でもある）。旭川は食事も美味《おい》しいし、街中にはバーテンダーの日本代表となった女性店主がいるお店があって、飲食文化のレベルの高さに唸《うな》ったこともあった。

こうしたお店探訪は記事に関係ないだろ、とツッコミが入りそうだが、関係ある。町の雰囲気を記事に書くこともあるし、自治体が合宿を誘致するのにどんな努力をしているか、ぱったり担当者とお店で出くわして情報を得られることもある。

たとえば、大学側に対して車両を提供することも自治体の誘致活動の一環である。大学側は、400mトラックがあり、さらには変化に富むロードのコースがある合宿地がありがたい。ただし、ロード練習は危険を伴うのもまたたしかだ。選手たちは時速20㎞ほどで走っていくが、車とすればノロノロ運転である。どの大学も、監督が乗った車両が選手たちを守るように最後尾からついていく。レンタカーを借りるのではなく、現地で無償で借りられればそれだけ予算の節約になる。

また、コロナ禍により合宿地も大きな打撃を受けた。特に2020年は学内のルールに従って夏合宿を行えない大学もあったが、それはとりもなおさず、合宿地の経済にも大きな打撃を与えていた。

合宿の取材では、いろいろな発見がある。忘れられないのは東洋大の酒井俊幸監督の超絶ドライビングテクニックだ。新潟県の山古志《やまこし》での合宿のことだったと思う。クロスカントリーコースでの練習はかなり標高の高いところで行われていたが、あまり道路が整備されていなかった。車が一台しか通れない区間もあって、譲り合いながらの運転である。酒井監督はマイクロバスを巧みに運転し、その〝難所〟をすいすいと上っていくのだった。

予選会などの駐車場ではマイクロバスがよく止まっているが、監督が運転して帰るところをよく見たりする。本当に頭が下がる。

合宿でロードの撮影に出かけると、選手たちの後ろをカメラマンさんと一緒に車でついていくことになる。ある時、青山学院大の田村和希（住友電工）が、突然隊列から離れたことがあった。なにごとか？　と思ったが、田村はフルスピードでトイレに駆け込んでいったのだった。

用を足すこと、１分ほどだっただろうか。感動的だったのは、先行する仲間たちに追いつくべく、かなりのスピードで飛ばしていく田村の姿だった。その日のメニューは20㎞走とか、長めのロードだったと思うが、設定ペースよりも１㎞あたり10秒ほど上回っていたのではないか。程なくして彼は集団に追いついたのである。

さすがにラストで集団のペースが上がった時には置いていかれたが、エリート選手の力を垣間見た気がした。練習が終わったあと、「たいへんだったね。我慢できなかった？」と話しかけると、「我慢していると、そのうち体調が悪くなってきますからね。スッキリしてから追いかけた方が練習の質は上がりますね」と答えてくれた。夏の高原でのなんとも印象深いシーンである。

夏合宿が終わると、出雲駅伝に出場するチームと、箱根駅伝予選会に備えるチームとにルートが分かれていく。

２０２２年、中大は出雲で3位に入ったあと、「全日本では勝ちに行きます」と藤原監督が話し、短期間ではあるが、山梨・西湖での合宿を行った。個々の駅伝を見据えた合宿も行われるようになってきた。

そして全日本大学駅伝が終わり、11月から12月にかけては各大学ともに箱根駅伝の16人のメンバーエントリーに向けて合宿に入る。この時期、いちばん多く取材に出向くのは千葉県にある富津《ふっつ》だ。

東京からは車で東京湾アクアラインを使うと近い。私は内房線《うちぼう》の青堀《あおほり》駅まで電車で行ってそこから20分から30分ほど歩いたり、木更津《きさらづ》駅からバスに乗って取材に行ったこともある。夏は海水浴客でにぎわうらしいのだが、その時期に行ったことがない。

町に入ると、「ナカヤマイン」、「志ら井《しらい》」、「横田屋《よこたや》旅館」といった宿の看板が見えてくる。『あまりに細かすぎる箱根駅伝ガイド！２０２３＋ニューイヤー駅伝！』（ぴあ）によると、宿のご主人も選手たちにはご馳走《ちそう》を振る舞いたいということで、料理から選手たちを強くしていこうという姿勢が分かって楽しい。今度、シンプルに泊まりに行ってもいいなと思ったりする。

箱根駅伝前だと、いろいろな大学の選手たちが合宿に来るから、ジョギングに出かけていく選手たちはすれ違い、挨拶《あいさつ》を交わす。和やかではあるが、時にはピリッとした空気にも変化する。

11月下旬から12月上旬は、追い込みの最終時期でもあるから、練習の負荷も強くなっている。宿舎でインタビュー待ちをしていると、ケガをした選手たちを目の当たりにしたりする。「これは厳しそうだな……」と思っていた選手がお正月の本番で走っているのを見ると、ホッとする。

合宿は悲喜こもごも、あらゆる場所で競争が繰り広げられている。

●授業

選手たちは、当然のことながら学生でもある。競技生活と学業の両立は、なかなかたいへんなのが現実だ。特に大学1年生は新しい生活に慣れるまでに時間がかかる。

高校によっては朝練習がない学校もある。パッと思い浮かぶところでは、東京の國學院久我山《くがやま》高校は寮がないということもあり、生徒たちは自宅からの登校で、全体での朝練習はない。都大路《みやこおおじ》に出場するクラスの学校で朝練習が設定されていないところは珍しく、大学に入ってから、早朝に起きてのジョグは体には負担となる。

他の高校を見てみると、朝練習がある学校でも、5㎞から7㎞くらいをみんなで走るのが一般的だろうか。時間にして30分くらいのものだろう。ただ、大学になるとこの距離が倍になる。10㎞は当たり前、平均すると12㎞ほど走る学校が多いだろうか。1㎞4分で走ったとしても、なんだかんだで1時間近くかかる計算になる。

朝練習が終わってから学生たちはシャワーを浴び、朝食を食べてから通学する。関東地区にある多くの大学では、1限は9時スタートである（早稲田大学は8時50分）。それに出席するとなると、寮をかなり早めに出ることになる。だいたい、7時過ぎだ。

この原稿を書くために各大学の時間割を調べていたのだが、青山学院大学の場合は1限が9時から10時30分まで。そしてびっくりしたのが10時30分から11時までは「礼拝」の時間が設けられているのだ。これは青学らしい特色だと思った。

青学の場合、朝の8時30分頃に取材時間を指定されることが多いのだが（みんなの朝食が終わった時間帯）、掃除をしている学生や慌ただしく自転車に乗って出かけていく学生が入り乱れる感じだ（最寄りの町田駅《まちだ》まで自転車で行き、そこから小田急線、千代田線《ちよだ》に乗って青山《あおやま》キャンパスに向かっている）。

少子化の時代を迎え、大学によっては「都心回帰」を打ち出しているが、中央大学は２０２３年春に法学部が多摩キャンパスから文京区《ぶんきょう》の茗荷谷に移転した。実は、これが陸上競技部に少なからず、影響を与えている。

まず、中大の歴史を振り返ってみると、１８８５年に現在の千代田区神田錦町《ちよだくかんだにしきちょう》に「英吉利《イギリス》法律学校」が創設されたのが始まりである。戦前から戦後にかけては駿河台《するがだい》に校舎があったが、１９７８年に文系の４学部（法・経済・商・文）が多摩キャンパスに引っ越した。21世紀に入って少子化の時代を迎えて各大学が都心回帰を狙っているが、中央は看板である法学部をゆかりの深い文京区へと移し、司法試験の合格者数での巻き返しを図っているようだ。

実は、陸上部の面々にも法学部の学生が多い。吉居兄弟もそうだし、チームの中心となる選手たちが法学部で学んでいる。そうなると、茗荷谷移転はちょっとした「出来事」だ。これまでは東豊田にある寮から多摩キャンパスまで自転車ですぐの距離にあったが、１時間以上かけて茗荷谷まで通わなければならない。

１限は９時スタートの１００分授業。Ｇｏｏｇｌｅ Ｍａｐｓで調べると、８時48分に校舎に到着するためには、寮を7時26分に自転車で出発しJR中央線の豊田駅へと向かわなければならない。取材すると、この時間割に間に合わせるために、朝練習の時間が繰り上がったという。これはなかなかたいへんだ。

いろいろ話を聞いていくと、もっと早くに寮を出なければいけないない大学があった。東洋大学である。

東洋大の寮は川越《かわごえ》キャンパスの中にあるのだが、ほとんどの選手は文京区にある白山《はくさん》キャンパスまで通学する。1限に間に合わせるためには7時過ぎには寮を出発しなければならない。この通学を体験した柏原の同級生だった田中貴章《たなかたかあき》の話によれば……。

「田舎から出てきて学生になった身からすると、朝の東武東上《とうじょう》線は本当にたいへんでした。特に池袋《いけぶくろ》までが地獄のようでした。もう、白山のキャンパスに到着した時点でフィニッシュです（笑）。授業を受けて、それから同じだけの時間をかけて鶴ヶ島まで戻ってから練習もして、よく頑張れたと思います」

一方、キャンパスの近くに寮がある大学もある。本当に近いのは早稲田大学だろう。所沢キャンパスから徒歩で10分ほどの距離にあり、スポーツ科学部、人間科学部に通っている学生であれば、練習と授業、食事などもすべて徒歩圏内で完結する。おそらく、選手ならば歩いているよりも走っている距離の方が長いはずだ。

もちろん、早稲田《わせだ》にある本部キャンパスに通っている学生もいる。２０２３年の箱根駅伝の2区を走った石塚陽士《いしづかはると》は、教育学部の学生。理系のため実習なども多く、夕方のポイント練習には参加できない。そこで花田勝彦監督は石塚のポイント練習を登校前の朝に設定した。ひとりだけでの練習はつらいだろうが、それが石塚の強さを生んでいるような気もする。

競走部の学生はスポーツ科学部に在籍している場合が多く、寮とキャンパスがこれだけ近接しているので他の大学から比べるとかなり恵まれているといえるが、毎年、課題としてあがってくるのが卒業論文問題。卒論の〆切《しめきり》が12月に設定されているのだ。渡辺康幸元監督がこんなことを言っていた。

「毎年、４年生には卒論だけは早めに取り掛かるようにと話しているんですが、人間、切羽詰まらないと取り掛からないものなんですね。〆切に間に合えばいいといえるかもしれませんが、４年生にとっては箱根に向けての集中練習の時期とちょうど重なってしまうので、卒論執筆で睡眠時間が削られてしまうと、体調が崩れてしまうことがあるんですよ」

そのほかにも、３月になって「生島さん、無事に卒業出来ました」と報告してくれる選手もいる。記事に書いたことはないが、実は卒業するために取得単位がギリギリの選手がいたりするのだ。そう告白されても私に出来ることはないので、「それは授業に出席して、レポートや小テストを頑張るしかないね」と励ますばかりである。

私の感覚からすると、「卒業が危ないです」とオープンに話してくれる学生の方が、最後に学業でもスパートを発揮して無事に卒業していくようだ。外部の人間に話すことで、自分にプレッシャーをかけているのかもしれない。「そんなことになるんだったら、1年生の時からしっかりやっておけばいいんですよ」とクールな眼差《まなざ》しを向ける用意周到な同級生もいる。

通学、卒論、そして卒業。なにごとも、段取りが大事なようで。

第3章　取材の現場から2

●高校の同級生、先輩と後輩

2023年の箱根駅伝では、閉会式が行われる大手町《おおてまち》・読売新聞社ビルに全選手が集まった。これは、とてもいい光景だった。

2021年、22年はコロナ禍の真っ只中《ただなか》とあって、大手町に集まる選手は限られ、取材もままならなかった。選手たちにすれば、高校時代の先輩と後輩が久しぶりにリアルに出会って、話し込んでいる姿も失われてしまった。もちろん、SNS上でのつながりはある。それでも、実際に挨拶《あいさつ》を交わして話し込む姿を見るのが私は好きだった。

2023年大会に登録された選手たちを出身高校別にみると、上位校は次のようになる。

1位　仙台育英（宮城）　12名
2位　世羅（広島）　11名
3位　洛南（京都）　10名
4位　学法石川（福島）　9名
5位　佐久長聖（長野）　8名

仙台育英の出身者には中大の吉居大和・駿恭の兄弟がおり、世羅からは３区区間賞の中野翔太（中大）らが活躍した。

しかし、大学に入ってからの成長度で目を見張るのは３位の洛南だ。高校の卒業年ごとに選手をまとめてみると……。

２０１９年卒業（高校駅伝９位）
盛本聖也《もりもとせいや》（日本体育大）
２０２０年卒業（高校駅伝11位）
三浦龍司（順天堂大）、諸冨湧《もろとみわく》（早稲田大）、赤星雄斗《あかほしゆうと》（駒澤大）
２０２１年卒業（高校駅伝３位、当時の日本選手のみの高校最高新記録）
若林宏樹《わかばやしひろき》（青山学院大）、伊福陽太《いふくようた》（早稲田大）、服部壮馬《はっとりそうま》（順天堂大）
２０２２年卒業（高校駅伝２位、日本選手のみの高校最高新記録）
佐藤圭汰（駒澤大）、溜池一太《ためいけいった》（中央大）、川勝悠雅《かわかつゆうが》（国士舘大）

言わずと知れた三浦龍司は東京オリンピックの３０００ｍ障害で７位入賞、赤星は関東インカレ2023年のハーフマラソンで優勝している。若林は青学大1年生の時に5区山上りで総合優勝に大きく貢献し、22年に卒業した世代は都大路で世羅に優勝は譲ったものの高校記録を樹立。駒大に進んだ佐藤は世界で勝負できる人材だ。

中大に進み、2023年大会の1区で区間4位と健闘した溜池に取材した時、「三浦さんは僕の2学年上の先輩ですが、本当に尊敬できる方です」と話していたのが印象的だったが、京都の梅小路《うめこうじ》公園に夕方行くと、丸刈りの洛南の部員たちが走っているのを目にすることがある。才能を持った選手たちが競い合っていたのか……と思うと感慨深い。

4位の学法石川だが、箱根の前の全日本大学駅伝の4区では、「学石競演」という事態となった。横田俊吾（青学大）、中澤雄大《なかざわゆうだい》（中大）、宗像聖《むなかたひじり》（東京国際大）の3人が同級生（いずれも4年生）。そして山口智規《やまぐちとものり》（早大）が高校では入れ替わりで入学した学年とあって、実に4人の学法石川出身者が走った。横田が、「早稲田の5区で待っていたのも、同級生の小指《こざす》（卓也《たくや》）です」と笑っていた。ちなみに横田の1学年下には松山和希《まつやまかずき》（東洋大）がおり、全国高校駅伝では3位に入っている。

高校時代に苦労を共にした仲間とレースで再会できるというのは、なんとも感慨深いものがあるのだろう。

実は先のランキングのあとに7人で八千代松陰（千葉）が続くのだが、青山学院の佐藤一世に取材をしていたら、「高校の同級生がプロ野球で頑張っているので、最近は応援するようになりました」と話していたので、ピンと来た。「その同級生って、（ヤクルト）スワローズの長岡《ながおか》（秀樹《ひでき》）じゃない？」と言ったら、「そうなんです！」と顔がほころんだ。

高校長距離界の名門校には、甲子園に出場する学校も多い。2011年、優勝した早稲田の8区を走った北爪貴志《きたづめたかし》は早稲田実業の出身だが、高校の同級生は「あの夏の甲子園」の優勝メンバーだ。そう、斎藤佑樹《さいとうゆうき》をはじめとした面々である。

そうやって調べていくと、いちばん気になるのが九州学院（熊本）だ。「村神様」こと、スワローズの村上宗隆《むらかみむねたか》は九州学院出身であり、彼の代の前後には大学駅伝で活躍した選手が多いのである（年度は九州学院の卒業年）。

2016年卒業
高田《たかた》凜太郎《りんたろう》（東海大）、中川翔太《なかがわしょうた》（日体大）

2017年卒業
神林勇太《かんばやしゆうた》（青学大）、西田壮志《にしだたけし》（東海大）

2018年卒業
村上宗隆（ヤクルトスワローズ）
2019年卒業
井川龍人《いがわりゅうと》（早大）

箱根で活躍した選手たちと、村上が同じ学校で学んでいたと想像すると、なんだか楽しくなってくる。

また、巨人のクローザーである大勢《たいせい》が兵庫・西脇工業出身だと聞くと、「中央の藤原監督の後輩じゃないか！」と私はひとりで興奮してしまうのだが、よくよく考えると中大から大塚製薬に進んだ三浦拓朗《みうらたくろう》は大勢の同級生である。

人脈とは関係者以外には見えにくいものだが、出身校の流れをたどっていくと思わぬ発見があって楽しい。

また、高校だけではなく、出身県によっても「縁」が見えてくる。

前述の青学大の横田は、新潟県出身で高校から学法石川に進んだが、中学時代に新潟県内でライバルだったのが岸本大紀《きしもとひろのり》（新潟・三条高）で、大学でチームメイトになったという珍しいパターン。

出身県による特徴もうかがえるのが長距離界だ（この場合は、出身高校の所在地というカウント）。出身県別にみると、千葉が20人でトップ、しかも出身校が八千代松陰、流経大柏など多岐にわたっている。さらに宮城（15人）、愛知（14人）。宮城は仙台育英出身者が多数を占めるが、愛知は豊川工業、豊川高、愛知高といったようにバラエティに富んでおり、競技レベルの高さがうかがえる。

反対にひとりも選手を出していなかった県は奈良県、徳島県、高知県の３県。１名県も富山、島根、香川と３県を数える。１名県の場合は、並々ならぬ個人の資質、努力がうかがえるが、とある１名県の関係者には、「指導者の発想が10年から30年遅れている」と厳しく指摘する人もいる。

「自分の県内だけで勝負していても、話になりません。ブロック大会、全国大会に出ても予選ではね返されて帰って来るだけになってしまいます。いまどき、５０００ｍ15分切りの指導をしていては、置いて行かれるばかりです」

中学生レベルでの市町村対抗の駅伝大会や、高校の指導者の志にも関わってくる問題である。

意外なのは、人口が多い東京が11人、大阪が4人とふるわないことだ。就学人口を考えれば、もっといてもおかしくはないと思うが、これはひとえに「環境」によるのではないか。

まず、都市部にある学校では校庭も狭いし、ジョギングコースでさえ設定しづらい。そしてまた、小学校の時から野球、サッカー、バスケットボールとありとあらゆる競技を選択できるチャンスがあるため、才能ある選手が他の競技に流れている可能性が高い気がする。

出身校、出身県からはいろいろな情報が読み取れるのである。

●リクルーティング

日本では選手の勧誘のことを「スカウト」と呼ぶことが多いが、私はアメリカの用語にならって必ず「リクルーティング」と表現している。

スカウトというのは、特に野球では選手の力量を吟味する人を指すが、日本ではプロ野球の球団スカウトのことを意味するにとどまらず、広くスポーツ全般で選手を勧誘することを指すようになってしまった。

英語では、「スカウティング」といえば、試合前に相手の戦術などを分析することを指す。日本だと、視察だとか、偵察という言葉になる。このあたりが、どうもややこしい。

大学長距離界では、私の感覚では厚底シューズが出現してからリクルーティングの様子も大きく変わった。以前、神奈川大学の大後栄治監督は、

「高校２年生の段階で５０００ｍ14分45秒のタイムを出していれば、ウチとしては奨学金給付対象の選手として考えていましたね」

と話していた。２０１０年代前半だと、14分台で走れる選手は全国で２００人ほどいた。それが厚底シューズの登場で、タイムがグンと伸びた。大後監督は言う。

「高校２年で14分30秒が目安になった感じでしょうかね。それほどタイムは上がっています。ただし、記録会で『作られたタイム』の場合もあって、本当に強さを示しているかどうかは分からなくなりました。いまは、その見極めが大切です」

以前だったら15分台が持ちタイムだった選手たちが、どっと14分台になだれこんできたわけだが、エリートはさらに記録を伸ばしてきた。いまや、高校時代から13分台をマークする選手たちは珍しくなくなった。

14分台ひとケタ、そして13分台を持っている選手たちは、高校２年の終わり、ちょうど

都道府県対抗駅伝の開催時期から進路情報が駆けめぐる。現役の学生だと、三浦龍司（洛南→順大）、吉居大和（仙台育英→中大）、石田洸介（東農大二→東洋大）、鶴川正也《つるかわまさや》（九州学院→青学大）、そして2023年入学組では吉岡大翔《よしおかひろと》（佐久長聖→順大）が大きく注目を集めていた。

彼らの進路を見ていると、ふたつのことがポイントになっていると感じる。まず、希望する進学先に高校の先輩がいるかどうか。先輩がいれば、部内の雰囲気や練習内容なども把握できる。そしてエリートの選手だと、大学の監督がどのような育成プランを持って指導してくれるのか、その要素も重要になってくる。

大学側も、自分たちのアピールポイントを作らなければならない。駒大の大八木監督は、「大学のブランド力も勧誘には関係してきます」と話す。

「私が駒大を見るようになってから、『どうやったら駒大ブランドを作れるだろうか？』ということをすごく考えました。やっぱり、東京六大学や、最近でいえばMARCHのブランドにはなかなか敵《かな》わないんです。対抗するためには、駒大は強い、優勝を狙える、君にもチャンスがあるというメッセージを伝えなくちゃいけない。私がコーチに就任して2年目の箱根駅伝で、復路優勝を狙ったのにはそうした意味がありました。現役の学生たちに自信を持たせるのはもちろん、箱根駅伝を見ている高校生たちに『駒澤に行ったら優勝できるかもしれない』と思ってもらうことが大切だったんです」

大八木監督の話は現実を端的に表していると思う。やはり大学のランキング、ブランドというものは存在する。それは否定できない。駒澤に来てもらうために、その魅力をずっと発信し続けること、そうやって大八木監督は戦ってきたのだと思った。

そして「優勝できそう」「これから強くなりそう」という漠然としたムードも、実は大きな要素である。駒大もそうだったし、一時期、明治にもそうした雰囲気があった。そして２０１０年代に入ってから青山学院が上り調子となって高校生たちを引きつけ（そうして神野大地、小椋裕介、久保田和真らが入学してきた）、そして20年代に入ってからはすっかり中央の時代になった。

その点、本選へと予選突破を狙う学校は、どうしてもリクルーティングでも後手に回らざるを得ない。いまは早稲田大学の学生を預かる花田勝彦監督は、上武大学時代、高校の先生方に助けてもらったという。

「私の場合、熊本と新潟の高校の先生方に応援していただきました。インターハイには出ていない選手でも、見どころのある選手をご紹介いただいて、チーム作りを進めることが出来たんです」

監督とは「縁」を結ぶ仕事なのだ。高校の先生たち、そして高校生との縁を作ってこそチームが出来る。縁をどれだけ作れるかによって、リクルーティングの土壌が違ってくる。分かりやすい例でいえば、監督の出身校から大学に入ってくる学生も多い。たとえば、青山学院の原晋監督は、広島・世羅高校の出身。吉田圭太《よしだけいた》（住友電工）らも世羅の卒業生だ。

中央の藤原正和監督は、前述のように兵庫の西脇工業の出身。西脇工だけでなく、須磨学園などの県内の学校からも中大を選んでくる選手が多い。また、宮崎日大高の藤井周一《ふじいしゅういち》先生は西脇工時代の後輩で、選手として全国高校駅伝の優勝経験もある。2023年度の中大のキャプテンである湯浅仁《ゆあさじん》は宮崎日大高の出身で、「西脇ライン」から中大に進むのは自然の流れだったという。

また、東海大の両角速《もろずみはやし》監督は佐久長聖の監督として佐藤悠基《さとうゆうき》、村澤明伸《むらさわあきのぶ》などを育て、「佐久長聖→東海大」のラインも生きているが、このところ、佐久長聖からは順天堂大へのパイプが強いと感じる。チームのエースは順天堂、準エースが早稲田、東海、といった感じだろうか。

リクルーティングは各校にとって生命線だ。かつて、なぜ日体大が強かったかというと、団塊の世代の卒業生が全国の高校に散らばり、自然とリクルーターとなって、大学の恩師に情報を上げていたからでもある。少子化の時代を迎え、教員数の減少が日体大の衰亡にかかわっている、というのが私の見立てだ。

高校から大学への流れを見ていくと、いろいろと発見があって面白い。隠れた楽しみ方のひとつである。

●留学生

東京国際大のイェゴン・ヴィンセントの登場によって、大学長距離界における留学生の「次元」が変わってきたようだ。

ヴィンセントは2020年、1年生の時に箱根駅伝の3区で区間新記録をマークすると、翌年は2区で区間新。3年の時は不調もあって2区で区間5位となったが、23年に出場した最後の箱根では4区に登場し、またまた区間新記録を樹立した。これで2、3、4区と区間記録保持者にはヴィンセントの名前が並ぶことになってしまった。

東京国際大学は、ヴィンセントが卒業して苦しくなると思ったが、2023年春には、またまたすごい1年生が入学してきた。ケニア出身のリチャード・エティーリは4月22日に１００００mで27分06秒88の学生新記録を樹立すると、５月４日には５０００mで13分00秒17のこれまた学生新記録をマークした。いずれもヴィンセントの記録を上回っている。順調にいけば、５０００mでは12分台をマークするだろうし、箱根駅伝でも「ヴィンセント先輩超え」が期待される。

こうなると、日本で生まれ育った選手にとっては勝負するのは厳しいと思わざるを得ないが、ヴィンセントが本調子でないと、日本の選手がタイムで上回ることも珍しくなかった。その筆頭は田澤廉（駒大→トヨタ自動車）だったが、ヴィンセントほどの破壊力をもった選手がいたとしても、箱根駅伝では優勝につながらないところが面白いところだ。

もちろん、距離、人数ともに少ない出雲駅伝では留学生の威力は大きいものがあるが、チームの総合力が問われる箱根だと、そのインパクトも薄められる。

実は、留学生がいるチームが優勝したのは１９９２年、94年、95年の山梨学院大学しかなく、21世紀に入ってからもっとも優勝に近づいたのは、２０２１年に10区のゴール目前までリードを保っていた創価大学である。

つまりは、留学生は優勝に絡むファクターにはなりづらくなっており、全体を見渡してみると、基本的には予選会突破、あるいはシード権獲得のための位置づけになっている学校が多い。

また、全国高校駅伝でも留学生をめぐる構図は変わりつつある。各校のエースは「花の1区」と呼ばれる最初の区間に投入されるのが一般的だったが、最近は留学生区間である3区の8・1075kmを走ることが多くなってきた。

2022年は吉岡大翔が区間2位（佐久長聖→順大）、工藤慎作《くどうしんさく》（八千代松陰→早大）が区間5位と留学生と堂々たる勝負を繰り広げた。遡《さかのぼ》れば、21年は世代ナンバーワンだった佐藤圭汰（洛南→駒大）が区間1位とは11秒差の区間4位と健闘を見せており、優勝を狙う学校のエースほど、3区で勝負しに来るようになった。大学生だけでなく、高校生レベルから日本人エリートのレベルアップが図られていることが分かる。

世界を目指す選手ならば（大学レベルでも1学年に1人か2人しかいないのが実情）、高校時代から身近にターゲットとなる留学生選手がいる方がいい。それは2008年に北京オリンピックに出場した竹澤健介が言っていた。

「山梨学院に『モグちゃん』がいたのが、僕にとってはありがたかったですね」

モグちゃんとはメクボ・モグスのことだ。

「高校時代からモグちゃんと競うことで、それが自然と世界と競うことになっていたんですよね。その意味では、良い環境を与えられていたんです」

竹澤のこの言葉は、私の報道観にも大きな影響を与えた。

私は以前から日本の高校、大学スポーツにおける留学生の参加については、レギュレーションをしっかり設けるべきだと考えている。たとえば、高校バスケでは留学生の年齢詐称問題で、優勝が取り消しになったケースがある。インターハイで2004年に優勝し、05年にも3位に入った福岡第一高校には、当時、セネガル人の留学生がいた。ところがその留学生に年齢詐称があったとして、全国高体連はこの2年間の福岡第一の成績を抹消したのである。

なぜ、こんなことが起きたかというと、この留学生は1982年1月4日生まれだったが、名前を変えて別人になりすまし、86年10月4日生まれのパスポートを取得していた。2003年4月に福岡第一に入学した時は、既に21歳だったのだ——。

日本では考えられないことだが、出生届の制度が整っていない国では、こうしたことが起こり得る。これが罷《まか》り通っていては、スポーツの大前提であるフェアネス、公平性を担保できなくなってしまう。

箱根駅伝に関していえば、初優勝した際の山梨学院には2区にジョセフ・オツオリ、3

区にケネディ・イセナと２人の留学生がいた。２位の日本大学との差は３分47秒。２人の存在はあまりに大きかった。

翌年からレギュレーションが変わり、レースに出場できる留学生は１人となった。１９９３年の箱根では、山梨学院・ステファン・マヤカ、早稲田・渡辺康幸の２人の１年生が２区を走り、激闘を繰り広げた。櫛部、渡辺、花田、武井と未来の国際級のランナーをそろえた早稲田がいなければ、山梨学院は４連覇を達成していただろう。

早稲田の選手たちに「マヤカに対抗しなければならない」という思いがあったからこそ、その後の成長が促された面は否定できない。つまり、留学生の在り方が日本の競技力を上げた可能性はある。

ルール、レギュレーションの運用の仕方によって、試合、大会の価値、面白さは変わってくるが、それが強化に結びつくか否か、ということもレギュレーションを定めるにあたって、大きなファクターとなる。

21世紀は、スポーツにおけるボーダーレス化が進んでいる時代でもある。

他の競技に目を移してみると、ラグビー日本代表に対して「代表とはいっても外国人ばかりじゃないか」という声があったのも事実だ。しかし、２０１５年にリーチマイケル主将のもと、ワールドカップで南アフリカを破り、そして19年の日本大会で8強に進出したことで、様々な国の選手が日本代表のジャージを着ることに違和感を覚える人が少なくなったのは事実だろう。

それと同様、陸上界で生まれた日本とアフリカのつながりは、いまはポジティブな方向へ進ませることが大切だ。

東京国際大のスーパーなエティーリの存在が、駒大の佐藤、中大の吉居駿恭、順大の吉岡らにどんな影響を与えていくのか、観察をしていきたいと思う。

●シューズ

駅伝とシューズは、いまや切っても切れないものになった。

2017年にナイキがカーボンファイバープレートを内蔵したいわゆる厚底シューズ、「ヴェイパーフライ4%」を発売すると、一気に選手たちのタイムが伸び、それにともなってナイキユーザーがどんどん増えた。ユニフォームは別の会社のものであっても、背に腹は代えられない。各大学ともメーカーと交渉しながら、レースではナイキのシューズを履く学校が増えた。

この本の読者には自分で走るコアランナーを想定していないから、厚底シューズの説明をすると、ソールが厚くなったから選手たちが速くなったわけではない。では、なぜ厚底になったかというと、前方への推進力を持つカーボンファイバープレートを内蔵するために、あれだけの厚みが必要だったと考えて欲しい。

２０１７年、「プレ・ヴェイパーフライ」の時代には、箱根駅伝のナイキユーザーは36人だった（この年の首位はアシックスで67人）。ところがヴェイパーフライが発売された後の初の大会となった18年は、ナイキが58人、アシックスが54人と、ナイキがついに第一党の座を奪い取ったのだ。政権交代である。

それが２０２３年にいたって、ナイキが１５４人、アディダス28人、アシックス24人という結果になったのだから、５年ほどでマーケットの一大転換が起きたのである。

より母数が多い箱根の予選会の方ではどうだろう。『あまりに細かすぎる箱根駅伝ガイド！２０２３＋ニューイヤー駅伝！』（ぴあ）を読んでいて笑ったというか、たまげたのは、２０２２年10月に開催された予選会に出場した全ランナーのシューズが調査されていたことだ。これはたいへんな労力だし、知識量がものすごい。

やはり、ナイキのヴェイパーフライ、アルファフライが多いのだが、なかにはアディダスの「ＡＤＩＺＥＲＯ ＢＯＳＴＯＮ10」（東京理科大・中山輝《なかやまあきら》）、アシックスの名品「ＳＯＲＴＩＥＭＡＧＩＣ ＲＰ６」（東京工業大・岩井《いわい》凌真《りょうま》）といったシューズを履いている選手もいた（なんだか選手というより、学生と書いた方がふさわしい気がする）。これは名品ではあるが、ハーフマラソンの距離に適したシューズとは言い難い。カーボンファイバープレートは内蔵されていないからだ。なぜ、彼らは練習で履くようなシューズを選んだのだろうか？

ＥＫＩＤＥＮ ＮＥＷＳの西本さんの読みでは「レースシューズを忘れて、アップ用のシューズを履いて走ったんではないだろうか？」ということだった。もし、本当に忘れていたとしたら、ちょっと笑ってしまうのだが真相はいかに。

いちばん驚いたのは、日本薬科大のノア・キプリモ（２０２３年から戸上電機所属）が「Ｌｉ-ＮＩＮＧ」のＦｅｉｄｉａｎ ３・０ Ｕｌｔｒａというシューズを履いていたことだ。

これは中国のメーカーで、１９８４年のロサンゼルス・オリンピック体操競技の金メダリスト李寧（英語表記ではLi Ning）が立ち上げたメーカーだ。日本ではこのシューズを履いている人、あるいはＬｉ-ＮＩＮＧのアパレルを着ている人はほとんど見ないが、推測するにウガンダ生まれのキプリモは、おそらくは母国の「誰か」からの要請によってLi-NINGのシューズを履いたのではないか。

中国とウガンダは政治、経済で密接に結びついている。2023年6月にはウガンダの学校でテロ組織が襲撃事件を起こし、多数の死傷者が出たが、中国の習近平《しゅうきんぺい》国家主席は、ウガンダのヨウェリ・カグタ・ムセベニ大統領に見舞いのメッセージをおくっている。

さらに経済では、中国の通信機器大手、華為技術（ファーウェイ）が、第5世代移動通信システム（5G）技術を導入したデジタルセメント工場建設プロジェクトを進めることを発表した。シューズメーカーとて例外ではない。

ウガンダの人口は右肩上がりで、2021年の統計によると4500万人を超えた。その10年前は3300万人あまりだったことを考えると、ものすごい勢いで人口が増えている。ウガンダの人たちにあまねくシューズが行き渡るようになったら……。大きな市場が誕生する。Li-NINGはウガンダの選手たちにシューズをアピールし、そしてそれがめぐりめぐって箱根駅伝の予選会にたどりついた。これには、私も驚かされた。

ナイキの寡占状態が続いているわけだが、今後は他社もじわりと差を縮めてくるとは思う。かくいう私も、厚底シューズを購入した。アシックスの「メタスピード　エッジ」である。スピード練習用に使うと良いとアドバイスをもらっていたので、500m×3本の練習で使ってみると、どんどんスピードが出る。本当に驚いた。次のスピード練習は一週間後に400mの上り、下りの坂を使ってのもの。下りに入った瞬間、これまで体験したことのないスピードが出て、「これはタイムが出るわけだ」と感心してしまった。

ただし、翌日になってこれまでに痛みが出たことがない箇所に痛みが出た。これも噂通りである。膝《ひざ》の上から股関節《こ》にかけての部分だった。これまで使ったことのない箇所で、新鮮な痛みではあるが、ちょっと怖い気もした。

2020年前後まで、各大学の選手たちから仙骨、股関節、大腿骨《だいたい》といった、これまでの故障箇所とは違う部位のケガの話を聞くようになっていた。それまでは膝下のケガ、シンスプリントや疲労骨折はよく聞いていたのだが、ケガの部位が上がっていった感じなのである。厚底シューズは、選手たちにこれまでとは違う走り方を要求していたのだ。

しかし、2022年頃になってくると、ケガの話を聞くことは以前と比べれば少なくなった。大八木監督は「シューズの使い分けが出来るようになってきました」と話す。長い距離を走る時にはナイキ・ペガサスのような薄めのシューズを履く。そしてスピード系の練習、あるいは試合が近づいてきたら、厚底を履くというスタイルが確立してきたという。

これからは、中学時代から厚底シューズを履いてきた世代が登場してくる。おそらく、ランニングフォームはシューズに最適化しているだろう。この世代は、５０００mで12分台、１００００mで26分台にどんどん突入していくはずだ。

おそらく、彼らはずっとナイキに親しんできた世代。自分が中学、高校時代にこだわったブランドは生涯にわたって影響力を持つから（私の場合、アイビーファッションのブランドとか）、今後もナイキの優位は、よっぽどの革命が起きないと動かないだろう。

●寺田事件

厚底時代から少し時計の針を戻そう。

２０１１年の大会は早稲田と東洋の稀《まれ》に見る激戦で記憶されているが、もうひとつ、シード権争いが激烈だったことでも印象に残る。

フィニッシュ地点まで日体大、青山学院、國學院、そして城西大の４校が「３議席」を争うという展開になったのだ。

結果的には8位日体大、9位青山学院、10位に國學院が滑り込み、城西大がシード権を逃した。しかし、それまでのドラマが盛りだくさんだった。劇的な展開を生んだのは、早めにスパートを仕掛け、4人のなかで先頭に立った國學院の寺田《てらだ》夏生《なつき》が、間違えてゴール手前の交差点で曲がってしまったことだった。國學院はシード権確実かと思われていたが、一気に11位へと転落してしまったのだ。

この時、『もうひとつの箱根駅伝』(日本テレビ)では、運営管理車の前田監督のリアクションが映っていて、「えーっ!」と驚愕《きょうがく》の表情を浮かべていた。私も記者室でたまげていたが、そこに残っているのは一部の記者だけだった。大多数の記者は優勝した早稲田、2位の東洋の取材に向かっていたからだ。

それからフィニッシュ地点までの争いは、息もつかせぬもので、道を間違えた寺田はまだ余裕があったのか、諦《あきら》めずに追走、最後の最後に城西大をかわしてシード権を確保した。フィニッシュ後、タオルを肩にかけてもらった寺田は、ひたすら「あぶねえ、あぶねえ」と言っていて、そりゃ本当にあぶなかったねとねぎらってやりたい気持ちになった。

いまやその交差点は「寺田交差点」と駅伝ファンの間で呼ばれているが、私はこの一連の出来事を「寺田事件」と呼んでいる(高校2年から狂信的に日本史の受験勉強をしていた私は、「寺田屋《てらだや》事件」という単語から逃れることが出来なかったのだ)。

このレースが終わってから、國學院のアンカー、まだ大学1年生だった寺田夏生にインタビューをしたが、この取材はいろいろな意味でためになった。

まず、選手名鑑などで見ていた寺田は洒落《しゃれ》た眼鏡をかけていて、「少しとんがっている選手なのかな」と勝手に想像していた。ところが、対面で話を聞くと、記憶が明瞭《めいりょう》で、話も論理的だった。

まず、面白かったのは運営管理車の前田監督の声が聞こえなかったということだ。寺田はこう振り返る。

「４人がまとまって走っているということは、運営管理車からの声かけも、４人の監督さんが同時に話すことになるんです。もう、誰がなにを言っているのか分からなくて、自分の思い通りに走るしかなかったんです」

なるほど、監督たちが一斉に話し始めたら、聞こえるものも聞こえないだろう。当然のことながら、私は前田監督がどういう声かけをしていたのかが気になり、質問した。

「僕は、寺田に早めにロングスパートを仕掛けるように言っていたんです。でも、寺田はずっと仕掛けないので、どうしたんだろうとは思ってました」

前田監督はフィニッシュ地点直前からの短いスパートよりも、寺田はスタミナもあり、ロングスパートで決着をつけられると踏んでいた。ところが、寺田の耳には届かない。寺田本人は集団から誰も脱落しない状況で、スプリントにかける決断をしていた。

そしてその判断は功を奏した。交差点を間違えなければ——。しかし、いろいろな要素が重なってあの事件が起きた。寺田は言う。

「もともと僕は、5区要員だったんです。でも、順調に練習が積めない時期があって、10区に回ることが決まったのは年末になってからでした。そこで、車に乗って10区の下見に行ったんですよ。日比谷《ひびや》通りから日本橋《にほんばし》、そして大手町を車の中から見てましたけど、車からじゃ分からないですよ（笑）。僕は長崎から出てきたばかりでしたし、ビルがどれも同じに見えて」

さらに、寺田にとっては悪いことが重なった。日本テレビの中継車はフィニッシュ地点までは走らず、「ひとつ手前」の交差点で右折するのだ。寺田は中継車についていっただけなのだ。

「スパートをかけて前に出られたので、『勝った！』と思いましたよ。それで中継車が曲がった交差点を曲がると、突然、音が消えました。応援の人がいなかったんです。なにか、違う世界に入り込んでしまったようでした」

寺田は「違和感」に気づき、「ここではない」と思った。そして、引き返した。本能が寺田をコースに引き戻した。

「走りながらあれこれ考えました。車からじゃ分かんないよ、中継車だって曲がったじゃん……。でも、まだ体力的には余裕があったし、城西さんがきついのが分かったので、諦めずに走りました」

こうして無事に、いや無事ではないが寺田は10位で帰ってきた。前田監督は私にこう話した。

「寺田が真っ直ぐ走っていれば8位だったかもしれませんが、10位になって、いい反省材料をもらったってことだと思います。８位よりも上を目指していきます」

そしてその言葉は、時を経て現実のものとなっている。

事件の当事者である寺田は、ＪＲ東日本に入ってからは積極的にフルマラソンにも挑戦し、２０２０年の福岡国際マラソンでは2時間08分03秒を出し、これが自己ベストとして残っている。

実は、ＪＲ東日本の選手たちが住んでいる場所は、私の自宅の近くということもあり、公園でジョグをしていると、たびたび会うことがあった。美しいフォームで、そして猛烈なスピードで私を抜き去っていく（彼らにとっては単なるジョグだが、私からすればとんでもないスピードなのだ）。間近で効率的なフォームを見るのは眼福で、抜かれたあとに笑顔が出てしまうのだ。

寺田選手とは、近所のお寿司《すし》屋さんで会ったこともあった。それほど熱心な取材者ではなかったのだが、私のことを覚えていてくれて、挨拶してくれた。傍らにはパートナーもいて、のちに結婚したと記事で読んだ。彼のことは、密《ひそ》かにずっと応援していた。

２０２３年の大阪マラソンではペースメーカーを務め、無事に完走。これがラストレースとなり、引退した。そして23年7月から、三重県にある皇學館大学の監督に就くことになった。國學院と皇學館、神道で結ばれている糸でもあるが、私からみると、駒大の大八木監督にとって「孫弟子」にあたる（前田監督は駒大ＯＢ）寺田が指導者になる時代になったのだな……と感慨深いものを感じてしまうのだ。

●走れなかったキャプテン

取材本番とも呼べる1月2日、3日と当日変更が発表されて、たまげることがある。

「えっ、彼は走らないの？」と。

チームの屋台骨を支えてきた学生がなんらかのトラブルに見舞われ（多くはケガ、あるいは感染症）、走ることがかなわなくなることが毎年、どこかの大学で必ず起きる。それが取材を重ねてきた4年生だったりすると、気の毒でならない。

記憶に残っているのは2013年、駒澤大学のキャプテンを務めていた撹上宏光《かくあげひろみつ》だ。撹上は福島・いわき総合高校出身で、東洋大の柏原竜二の1年後輩に当たる。駒大に進学すると1年生の時に箱根駅伝の7区に起用されるなど、大八木監督の評価は高かった。

7区で区間4位と好走。2年生の時にはエース区間の2区を任され、区間10位。3年生の時は1区で区間3位とチームの主力となり、4年生となってキャプテンに選出された。

キャプテンになって取材をすると、とても真面目な青年で好感が持てた。実直、という言葉が思い浮かんだ。全日本で優勝し、いざ箱根……となったら、2日にも、3日にも撹上の名前はなかった。なにか故障があったのか？　この年の箱根は強風下で荒れに荒れた展開となり、5区で服部翔大の快走で先頭に立った日本体育大学が30年ぶりの優勝を手にした。往路で9位と出遅れてしまった駒大は総合3位に追い上げるのが精いっぱいだった。レース後、大八木監督が困惑気味にこう話してくれた。

「撹上が元日に体調を崩してね……。ノロウイルスだったんです」

レース前日になって、まさかの発病。撹上の心中を想像するだけで、つらくなった。

卒業後はコニカミノルタで競技を続け、２０１７年に競技生活からの引退を発表した。その後、どうしているんだろう……と気になっていたが、20年12月に発売された『Number』（文藝春秋）の箱根駅伝特集号に、ひげを蓄えた撹上の記事があった。小堀隆司《こぼりたかし》さんが書いた記事のなかで、撹上はこう話している。

「ほんと、笑い話にできたのは最近のことですね。それこそ競技を引退してから。いまの職場の方はみな事情を知ってくれているので、むしろイジりネタにしてくれて有り難いです」

　気持ちの整理がつくまで、かなりの時間を必要としたことがうかがえる。

　２０２１年の箱根駅伝では、青山学院大の主将、神林勇太の名前がなかった。11月時点での取材で、神林はこう話していた。

「今年は往路で勝負できたらと思ってますが、もしも僕が前回と同様、９区に回ったとしたら、チームとしては万全だと思ってください」

　神林は12月29日の区間オーダーの発表の時には、補員に入っていた。１月２日、往路にも神林の名前はなかった。ああ、これなら９区に回るんだろうな……と思っていた。チームとして万全なのだろうと想像していたのに、青学大は往路で12位と出遅れた。なにか、歯車が嚙《か》み合っていなかった。なにかがおかしい……と思っていたら、3日にも神林の名前はなかった。神林が走ったのは、9区の給水地点だけだった。青学大は総合4位に終わり、原晋監督と限られたメンバーがフィニッシュ地点の大手町に戻ってきた。事情が分かったのは、原監督と神林に話を聞いてからである。原監督は、思いを吐き出すようにこう話しだした。

「神林は12月に仙骨を疲労骨折していたんです」

ＭＲＩ検査で骨折が判明したのは12月28日のことだった。そして30日のミーティングで、原監督は部員を前に涙を流しながらこう話した。

「神林には10区を走ってもらいたい。もしも品川《しながわ》の新八ツ山《しんやつやま》橋で立ち止まって、棄権してしまっても構わない。来年、予選会からやり直したっていいんだ」

原監督はどうしても神林に走って欲しかったという。

「コロナ禍のなか、目標を見失いそうになりかねない1年でした。肉体的にも、精神的にもチームを引っ張ってきたのは神林でした。これは、神林のチームなんです。だからこそ、私は彼に走って欲しかった」

この監督の言葉に反応したのが神林本人だった。

「自分が走らなくても、青学は十分強いです。青学は優勝するチームですし、復路のメンバーが強いのは監督がいちばん分かってるじゃないですか。チームのために後輩を走らせてください」

神林の思いを受け、原監督は神林に給水係を頼むことにした。

「神林はこれで引退なんです。もう走れないんですよ。本来、箱根駅伝での給水や付き添いなどの役割分担は選手が決めるんですが、『神林には横浜《よこはま》の給水を頼みたい』と、これだけは学生たちにお願いしました。なぜなら、テレビに映るし、30mほどですが、いちばん長く走れるからです」

ミックスゾーンでは、原監督の思いが溢《あふ》れていた。むしろ、その後にやってきた神林の方が、冷静だったかもしれない。

「いつもの年末は、選手の立場だったら本当に時が〝秒〟で過ぎていくような時期なのに、今回ばかりは1日が長くて、長くて」

神林の卒業後も、たびたび会う機会があるのは、私としてもうれしいことだ。

２０２３年には、55年ぶりに箱根に戻ってきた立教大学のキャプテンが箱根を走れなかった。ミラー千本真章だ。

私は彼とは少なからぬ因縁があった。わが家の息子が中学3年の夏に、立教新座高校の練習会に参加した。その時、高校3年生でインターハイの８００ｍに向けて準備をしていたのがミラーだった。その後、高校の卒業論文の執筆にあたり、箱根駅伝をテーマにするということで、私もアドバイスをさせてもらったが、直後に立教は激動期を迎える。ミラーの高校3年の冬に上野裕一郎監督の就任が発表されたのだ。

「高校のホームルームでそのニュースが流れてきた時の興奮は忘れられません」

環境は激変。大学入学後には１５００ｍで日本選手権に出場。スピードランナーとして存在感を示した。そして最上級生になるにあたって、ミラーはキャプテンに立候補し、夜10時半消灯や体調報告のためのＬＩＮＥノートなどを立ち上げていく。

「中学校から立教に通っている自分が、立教らしさを体現できるのかなと思ったんです。立教って、校歌にも『自由の学府』とうたわれているんですが、学生たちにとって、自由ってキーワードなんですよ。でも、自由とワガママは違いますよね。集団で生活していることでの責任もありますし、選択には自由と責任が伴います。なんでもかんでも、自由にしていいわけじゃない。新しい規則が作られて、後輩たちのストレスは分かりました。でも、部としては強くなることが目的なわけで、責任について考える機会があってもいいと思ったんです」

たしかに部は強くなった。ミラーをはじめ4年生は走れなかったものの、２０２２年の予選会でついに本選出場を決めた。

「後輩たちが箱根に連れて行ってくれました」とミラーは涙を見せていたが、正月に向けては6区を走ることを希望した。ただ、部内トライアルで結果が残せず、本選ではバックアップに回った。

「それでも、準備出来ることはすべてやっての結果だったので、納得はしていました。本選でもみんなよくやってくれたと思います。ただ、箱根が終わってから目にする記事のなかには『立教の16人は全員が3年生以下。4年生はいないので成長する一方で未来は明るい』みたいなことが書かれているメディアもあって、僕はそういうのをSNSで見るたびに、『自分たち4年生はなにか残せたのかな?』と落ち込みました。でも、これほど面白い4年間はなかったと思います。箱根駅伝プロジェクトの最初の立ち上げから本選復帰までを見られたのは僕らの学年だけですから」

ミラーは卒業後、サッポロビールに就職し、社会人１年目をスタートさせている。

それにしても、思い出した３人の４年生はいずれもキャプテンばかり。走れなかったキャプテンのことは、いつまでも心に残っているものなのだ。

第4章　駅伝紀行

●出雲駅伝

三大駅伝のなかで、いちばん存在感に変化があったのは出雲駅伝だと思う。

第1回出雲駅伝が行われたのは1989年、私が大学4年生の時で、優勝校は日本大学。生まれたばかりの大会だし、当時の私は秋といえば大学ラグビーを見る方がメインだったから、まったく記憶に残っていない。

1990年代に入っても、さほど状況は変わらなかったと記憶する。当時、活躍したある選手が、こんなことを言っていた。

「僕らのころは、出雲駅伝はそれほど重視されていなかったんですよね。時期がまだ早いということもあったし、注目度もそれほど高くなかった。距離が短いので、箱根に直結するイメージもありませんでしたし。ところがいつの間にか、『大学三大駅伝』『三冠』という言葉が浸透してきて、自然と出雲のステータスが上がったんですかね」

おそらく、2010年代が節目だったと思う。10年度に早稲田が三冠を達成したことで、必然的に「三冠」の価値が高まった。そしてその翌年は、東洋大が初優勝を遂げ、12年には青山学院が三大駅伝初優勝を、この出雲でつかむ。それは10年代後半にやってくる青学黄金時代の序曲だったわけである。

また、2019年には國學院大学がこちらも三大駅伝で初優勝。翌日、空港で前田康弘監督に「おめでとうございます」と祝福した時に、「これからどう上っていくか、それが難しいですよね」と話してくれたことが忘れられない。全日本、そして箱根をどう攻略していくのか。國學院が青学のような勢いに乗れるかどうか、将来が楽しみだ。

出雲は短いがゆえに難しいという言葉を監督たちからよく聞く。駒大の大八木弘明監督は「見方によってはいちばん難しいかもしれないね」と話してくれたことがある。

「6区間しかないから、1区間でもミスしたら挽回《ばんかい》が利かないんだよ。だから、子どもたちの状態を見極めるのが大切。あと、ものすごい留学生がアンカーに待っているから、逃げ切るためにどうシナリオを作っていくのか、それもたいへんでね」

出雲では、山梨学院大学が優勝6回、日本大学が5回、そして最近ではヴィンセントを擁する東京国際大学が優勝しているのは、留学生の力が大きく働いているからだ。超弩級《どきゅう》の留学生を最長区間の6区に投入すれば、1分差くらいなら逆転してしまう。留学生ファクターが強いのが出雲の特徴といえるだろう。

では、優勝を狙うチームはどう対抗していくのか。大八木監督が言うように、6区にエース級の選手を取っておきながら、なおかつ5区までに90秒以上のリードを作るマネージメントは上位層の戦力が分厚くないと、なかなか出来ることではない。

また、部全体としての「距離適性」も問われる。2013年から22年までの10年間を振り返ってみると、出雲駅伝の優勝校で同じ年度に箱根駅伝を制した学校は3チームしかない。15、16年度の青学大と、22年度の駒大だけだ。16年度の青学大は史上最強レベル、そして駒大も田澤廉、鈴木芽吹らのエース級をそろえただけでなく、箱根では特殊区間に1年生を起用して優勝するという分厚さを誇っていた。

つまり、出雲を勝ったからといって、それが箱根に直結するわけではない。出雲に対応できる上位層のスピードがあり、なおかつ箱根では部全体でプラスアルファを生み出せなければ勝てるはずがないのである。それだけ「三冠」は難しい。

青学大の原晋監督は一時期、「出雲要員」の育成を進めていた（いまも進行中かもしれない）。1500mや3000m障害を得意とする選手たちに、出雲のメンバー入りをチャレンジさせていた。原監督は言う。

「なんだかんだ、駅伝を3本走るのは負担が大きいんですよ。だったら、部活動の一環なわけだから、スピード系の選手が出雲で青学の代表としてユニフォームを着て晴れ舞台で走る、という考えがあってもいいんじゃないかと思うわけです」

また、他の大学ではそれまで駅伝経験のない選手に、駅伝の経験を積ませる意味で出雲に起用するケースもある。各校とも、選手層を見渡して、３つの駅伝をどうマネージメントしていくか、監督の手腕が問われることになる。

ここまで競技について書いてきたが、競技から離れ、観戦という面から出雲駅伝を見ていくと、選手とファンの距離がやたらと近いのが出雲の特徴だった。

コロナ前は、閉会式の会場となる出雲ドームのフィールドエリアに一般のファンが立ち入れたものだから、押し合いへし合いになるくらいの騒ぎだった。選手とファンが一緒に写真に納まる風景も当たり前。フィールドが広いので取材もしやすく、じっくり話すことが出来た。

コロナ禍が落ち着いた２０２２年の大会では、さすがにファンのフィールドへの立ち入りが制限された。おそらく、このスタイルが今後のスタンダードになると思うが、そのぶん、取材はさらにしやすくなった。

そして取材が終わった後の誘惑も多い。２０２１年には出雲大社《いづもおおやしろ》に初参拝した。伊勢《いせ》神宮と比べてこぢんまりしているが、なんとも「気」がいい場所だった。観光客も少なかったので、しっかりと神様と向き合えた気がした。なんといっても、出雲では「神在月」に行われるこの大会、出雲に神様が集まっているのだから……。

神社の前にはスターバックス出雲大社店があるが、こちらのお店では「出雲焼」の陶器で提供される。私はスタバのファンなので、こういう演出がうれしい。

そしてまた、参道に面している「竹野屋《たけのや》旅館」は、あの竹内《たけうち》まりやの生家であります。

毎年、松江《まつえ》に戻るために一畑《いちばた》電車に乗るか、JRを使うかは迷うところ。午後4時台ならば、出雲市《いずもし》駅まで戻ってJRに乗れば、宍道《しんじ》湖の美しい夕日を目にすることができる。

一方、一畑電車の風情も捨てがたいものがあって、時間によって帰路を決める。

2022年には、出雲市でとても素敵なお店を見つけた。「ツバメヤ」という居酒屋は日本酒が充実し（島根は有名な蔵元が多い）、ちょっとしたつまみも美味《おい》しく、独酌にもってこいだった。

ただ、出雲でいちばん忘れられない風景は、2021年、私が出雲市駅に向かっていると紫の駒澤のジャージを着た選手が走って来たことである。

大柄なその選手は、田澤廉だった。

ダウンジョグだったのかな――。夕暮時の、田澤の姿がいまだに忘れられない。

●予選会

出雲駅伝が終わると、だいたいその週末に箱根駅伝の予選会が行われる。

ドラマが満載の箱根駅伝にあって、10月の土曜日に行われる予選会は数年に一度、大きなドラマが生まれる場所だ。

いまでは地上波でも中継されるほどになったが、大井埠頭《ふとう》で行われていた時期はとても地味なイベントだった。それでも、予選会通過校は現在と違って6校だけだったから、緊張の度合いは高かった。

いまは立川にある素晴らしい景観の昭和記念《しょうわきねん》公園を舞台に行われているが、通過枠が増えたとはいえ、やはり当落線上の発表が近づくにつれ、空気が張り詰めていくことが分かる。

予選会においては、「初出場」と「復活」、そして「落選」が大きなドラマになる。

日本テレビが中継するようになった1987年以降に初出場を果たした学校は10校にのぼる。中央学院大、関東学院大、帝京大、平成国際大、國學院大、城西大、上武大、創価大、東京国際大、駿河台大だ。なかでも國學院、創価大、東京国際大はそれぞれの駅伝で上位をうかがう力をつけている。

しかし、2000年以降は復活がひとつのキーワードになった。特に、青山学院大学は09年に33年ぶりに出場し、復活から1年でシード校、そして15年に本格強化12年目にして初優勝を果たした。これだけのスピード復活は今後、見られないかもしれない。

2022年の予選会では上野裕一郎監督率いる立教大学の復活が大きな話題になった。立教は24年に創立150周年を迎え、ちょうどその年に第100回大会を迎える箱根駅伝への復帰を目指していたが、計画よりも1年前倒しになった格好だ。自ら選手たちを引っ張る上野監督の指導が実を結んだわけだ。ただし、上野監督はこれからが大切だと話す。

「学生にも口を酸っぱくして言ってるんですが、本選に出て満足しているようじゃ、〝予選会校〟になってしまうぞと。青山学院さん、そして最近でいえば國學院さんや、創価さんのように、本選に出たら数年後にはシード権、5位、3位、そして優勝を狙える位置まで持っていかないとくすぶり続けてしまいます。立教大学はこんなもんじゃないというところを見せないといけません」

通過する学校があれば、落選する学校もある。予選会史上最大の事件は2016年の中央大学の連続出場が途切れた瞬間と、翌年の明治大学の落選だっただろうか。

別章でも書いたが、その時の中大の落ち込みようはハンパなく、部の関係者だけではなく、同窓生の組織「白門会《はくもんかい》」の方々のガッカリしている姿と言ったらなかった。白門会の箱根駅伝への思いは熱く、毎年１月３日の大手町では、白門会の各支部のみなさんが集まって応援し、そのあと新年会へと流れる——というのが定番のようだった。つまり、中大の駅伝は同窓生にとっても「ハブ」、集積地の役割を担っていただけにショックは大きかった。しかし落ち込みが激しかった分、「レジリエンス」、その反発力も大きく、２０２３年には総合２位にまで復活してきた。

いま振り返ってみると、翌年の明治は落選が決まったあとの公園内でのミーティングがどこか淡白だった。当時の西弘美《にしひろみ》監督は、「じゃあ、解散。このあと夕方に集合」と淡々と話すだけだった。復活への意志が見られる感じではなかったのだが、現実をなかなか受け入れがたかったのかもしれない。

思うに、落ち込みの度合いとは、「期待値」や「歴史」にも関わってくる。中大にとって箱根駅伝とは大学の「フラッグシップ」なのだ。それは司法試験の合格者の数字と同じくらい意味を持つような気がする（法学部の関係者は怒るだろうな）。だが、陸上に限らず、いろいろなスポーツでいえることだが、しっかりと落ち込んだ方が、そのあとの反発力は大きくなる。それは復活のために本腰を入れ、強化体制の見直しが図られるからだ。単年で見れば悲劇でしかないが（特に4年生にとっては）、長い目で見れば、中大のようにポジティブに作用する可能性もゼロではない。明治にしても、２０１８年に西監督がスーパーバイザーとなり、指導体制が変化したのだから、やはり敗戦は改革のきっかけにつながるのだ。

どうしてもわれわれの目は出場校に奪われてしまいがちだが、予選会には様々な大学がエントリーしている。東京大学大学院、東京工業大学、一橋大学といった国立大学も出場している。４年生はこのレースを最後に引退する場合もあるし、この大会に出場すること自体をターゲットとしてきた学生も多い。

集団として彼らを見ると、箱根駅伝で優勝を狙う学校の選手たちとは、体つきが違うことに気づく。本選に出場する選手たち、月間８００㎞をも走破できる肉体は、研ぎ澄まされている。一方、ハーフマラソンで70分以上かかる選手たちは、どこか体のラインがぼんやりしている。

その差異は個性であり、人生において選んだものの違いというしかないだろう。

予選会はランニング・エリートと、学問エリートが交錯する場になるから面白い。

２０２０年、コロナ禍が始まった年に行われた予選会は陸上自衛隊駐屯《ちゅうとん》地の滑走路のみを使っての周回コースで行われた。この時、先頭の留学生たちに、東工大の学生が抜かれたのだが、その時の笑顔が良かった。「速え！」と驚きつつ、諦《あきら》め、そして留学生へのリスペクトがモニターから伝わってきた。人間、得意なことと不得意なことがある。もしも、従来のコースであれば周回遅れは発生せず、東工大の学生は、アフリカで生まれたランナーたちのスピードを実感することもなかっただろう。

異色なところでは、東京大学大学院の古川大晃《ふるかわひろあき》は、２０２２年、23年学生連合チームに名を連ねた。彼は熊本大学から九州大学大学院で修士、そして東大大学院では博士課程で学んでいる。また、生まれ故郷の熊本城マラソンでは三度、優勝している。

一度、「文春オンライン」で取材したことがあるが、彼はランナーの「同期」について研究していた。陸上では、速い人のペースに合わせて走ると自然にタイムが伸びるという「あるある」現象が存在するが、それを科学的に研究しているのだった。長距離をテーマにしているのかと思いきや、短距離を題材に選んでいることがなんとも興味深かった。

また、２０２２年は知人が予選会に出場していた。一橋大学の奥山樹《おくやまたつき》だ。彼は私の息子の高校時代の先輩で、現役で一橋大学に合格し競技を続けていた。この時のタイムは１時間14分01秒である。

私は早稲田と立教の取材を終えたあと、奥山君に話を聞きに行ったが、彼は悄然《しょうぜん》としていた。聞けば、ケガで思うように練習が積めなかったシーズンだったという。

「タイムが出るので、練習でも厚底シューズを頻繁に使っていたんですが……。その影響なのか、痛みが出てしまって」

カーボンファイバープレートが入ったシューズは、それを使いこなすための身体の整備が必要だ。どのように最新ギアを使っていくべきか、奥山君は学びの時期にあるようだった。

陸上競技に対するそれぞれの向き合い方にリスペクトを払いつつ、私は話を聞き続ける。

●全日本大学駅伝と赤福活動

コロナ禍で取材態勢にもっとも影響があったのは、全日本大学駅伝である。2019年までは出発地点の熱田《あつた》神宮から報道バスが出ていて、ゴール地点の伊勢神宮まで運んでくれていた。途中、監督の声かけポイントに合わせて降車し、「このポイントで1分以内なら逆転できます」とか、「うーん、苦しいな」という監督たちの本音が聞けるのがなんとも楽しかった。

それが2020年、21年と名古屋《なごや》での一極取材となり、オンラインでつないでの取材になってしまった。22年は伊勢での取材が再開したが、ゴール地点での取材は禁止され、神宮会館で監督、選手たちの到着を待つスタイルとなった。

報道車はコストもかかるだろうし、もう復活しないのではないかと心配している。ただし、報道車があった方が、私は良い原稿が書けると思う。

さて、三大駅伝のなかでの全日本大学駅伝の位置づけだが、記者としては「全日本」と「箱根」の成績に関連性、法則が見られるかどうかが気になるところだ。2018年から22年度までの2つの駅伝の優勝校を並べてみると（上が全日本、下が箱根）……。

2018　青山学院　東海
2019　東海　青山学院
2020　駒澤　駒澤
2021　駒澤　青山学院
2022　駒澤　駒澤

全日本では駒澤が無類の強さを発揮しているが、それだけ田澤廉の破壊力が抜群だったということだろう。青山学院については、２０１８年に全日本で勝ち、年明けの箱根で東海大に4区で逆転され優勝を逃してから、「箱根シフト」を明確にしたように思う。「箱根だけは負けられない」という意志が監督、選手たちに徹底されるようになった。

関連性についてずっと考えてきたが、法則化できるものはないと、２０２２年に気づいた。各校の陣容、そして出雲から全日本に至る強化過程など、可変要素がたくさんありすぎて、一般化は不可能なのだ。それを実感したのは、中央大学を取材したからである。

２０２２年、中大は出雲駅伝で3位に入った。レース後、就任7年目に入って充実の布陣をそろえていた藤原正和監督は本当に悔しそうで、「勝てるチャンスはありました」と振り返りながら、「全日本ではみなさんが驚くような布陣で優勝を狙いにいきます」と話していた。

私は期待感をもって全日本の取材に赴いた。オーダー表を見て驚いたのは、主力の吉居大和（当時3年）が6区に回っていたことで、「これが驚く布陣なのだろうか……」と訝《いぶか》しく思っていた。出雲で好走した中野翔太（当時3年）、溜池一太（当時1年）もいない。

全日本の結果は7位。見せ場は1区で千守倫央《ちもりともひろ》（当時4年）が冷静な走りで区間3位でまとめたのと、6区の吉居が区間新をマークしたことだった。果たしてなにが起きたのか？　その謎が解けたのは11月に行った取材でだった。藤原監督は言う。

「出雲のあと、全日本で優勝するために西湖の合宿でレベルの高いメニューを吉居と中野に組みました。中野はその後に故障、吉居は全日本の3日前に帯状疱疹《ほうしん》を発症して、レースに出すと判断したのは前日の5000mの様子を見てからです」

なるほど。藤原監督は勝つために設定タイムや量を上げた。しかし、その反動が来てしまい、全日本ではベストメンバーを組めなかったということなのだ。

ところが、この合宿練習は後々になって効果があった。それは箱根駅伝の後で藤原監督に聞いた。

「全日本で7位だった時は、悔やみました。あの合宿の練習をもっと軽めに抑えておけば……という後悔がたしかにありました。ただ、10月中旬にハードな練習をしたことで、それが箱根で生きたんですよ」

大会の結果を近視眼的に捉《とら》えていると、全体像が見えなくなる。やはり、合宿の目的、達成度合いを知らなければチームの実像は把握できない。ただし、シーズン中はその全容を誰も明かしてくれないから、「戦力読み」は難しいのである。

全日本の楽しみは他にもあって、取材が終わった後はEKIDEN NEWSの西本さんと「赤福本店」を訪ねることにしている。これがいまや年中行事と化した。

私の母方のルーツは伊勢にあるので、これはひとつの里帰りでもある。子どものころ、親戚《しんせき》が三重や大阪からやってくると、赤福を食べるのがなによりの楽しみだった。本店で食べると、自然と亡くなった祖母と母のことを思い出す。

本店はお土産用のカウンターは混んでいるが、お店で食べる行列はすいすいと進んでいく。お盆に載せられた2個の赤福は、お土産で食べる赤福とは少し違う気がする。どこか芳醇《ほうじゅん》なのだ。温かい番茶は口中を浚《さら》い、トラディショナルな制服に身を包んだ女性がキビキビと働くさまも気持ちがよく、本店に腰を下ろしていると気持ちが晴れる。

2022年は、素敵なゲストにも恵まれた。名城大の谷本七星《たにもとななせ》（当時2年）、前川凪波《まえかわなみ》（当時2年）、立命館大の平岡美帆《ひらおかみほ》（当時4年）の3人とおかげ横丁で会い、一緒に食べることになった。彼女たちは順天堂大の伊豫田達弥《いよだたつや》（当時4年）の応援に来ていたのだが、聞けば平岡は広島の舟入高校で同級生、谷本が2年後輩だったという。こうした縁に恵まれるのも、私は速報を出す必要がなく、「考察記事」を専門としているからである（年末の富士山《ふじさん》女子駅伝では谷本と平岡がアンカーとして走っていて、なんだか感慨深かった）。

ただし、赤福本店では長っ尻《ちり》は無用。並んでいる人がたくさんいる。そして西本さんとふたり、レースを振り返りながら五十鈴川《いすずがわ》駅まで30分ほど歩いて帰る。西本さんとの間で、この一連の活動を「赤福部」と称している。陸上関係の新規部員、いつでも募集中である。

２０２２年は、五十鈴川駅で意外な集団と出会った。青山学院大学の面々である。思わず体がカーッと熱くなり、走っていって原晋監督に話を聞いた。終了直後のあまりにも短い囲みでは聞けなかった本音も出てくるし、自然体の選手たちのことを観察できる。私は青学大の記事を書くことが多いので、こうした気を許している時間、空間でのふるまいが原稿に大きく影響する。

そして名古屋行きの特急を待つ間、青学の選手たちから「白石《しらいし》、飛び込むなよ！」という声が飛んだ。

実はこの日、2区を走った白石光星《こうせい》（当時2年）の調子が上がらず、順位を11も落としていた。下級生としては上級生に申し訳ない気持ちでいっぱいだっただろう。それを4年生の横田俊吾がツッコミの形で笑いを誘ったのだった。白石が、照れくさそうにしていたのが忘れられない。

先輩と後輩の間で、こんなやり取りが出来るのが青学なんだよな――。そんなことを思いながら近鉄特急に乗る。毎年、私が乗るのは京都行き。ささやかな打ち上げを秋の気配が漂い始める京都でするのが、毎年の恒例となっている。

●史上最高の2区

全日本が終わってからは箱根駅伝に向けて取材がいちばん忙しくなる時期だ。話を聞いた選手が走れば思い入れも深くなる。その意味で、2023年の箱根駅伝の2区は、生涯忘れられないレースになった。

3区への中継点手前のことだけでも、一本のコラムが書ける。中央・吉居大和、駒澤・田澤廉、青山学院・近藤幸太郎《こんどうこうたろう》が三つ巴《どもえ》となって中継所になだれこむかと思いきや、吉居がキレ味鋭いスパートを見せて区間賞を獲得した。しかし、そこに至るまでには数々の見せ場があった。

まず、4位でタスキを受けた吉居が小気味よく飛び出した。先行する田澤を捉え、軽やかに抜き去った。この時点のテレビ、ラジオの解説陣の見立ては、「2区を熟知する田澤が前半は自重し、最後の山場である権太坂《ごんたざか》に備えている」というものだった。しかし実際は、田澤は12月にコロナに罹患《りかん》し、まだ復活途上の状態で、吉居についていくにもいけなかったのだ。

この吉居の「突っ込み」には、レース後に中大の藤原正和監督に話を聞いても苦笑していた。

「あそこで『抑えていけ』というのは簡単なんですが、大和自身が抑えることができない性格なんですよ。だから無理に手綱を引くよりも、あそこは気持ちよく走らせようと考えました」

しかし、中盤にかかって吉居の表情が険しくなってくる。やはり、突っ込みすぎていたのだ。そして田澤が逆転し、吉居はじり貧になるかと思われた。ところが――。そこに「第三の男」が登場する。青学大の近藤である。

近藤は吉居と並走すると、右の腰のあたりをたたき、「一緒に行くぞ」とサインをおくった。実は、吉居と近藤は愛知県豊川《とよかわ》市にある「TTRunnersとよはし」の出身で、近藤が1年先輩にあたる。中学の頃から一緒に練習した仲だから、以心伝心、ふたりは並走する（その後、TTRunnersとよはしに取材する機会があったが、代表の仲井《なかい》雅弘《まさひろ》さんは早稲田大学競走部出身で、1984年の優勝メンバーである。ちなみに一緒に練習に参加した私は、走るだけでなく、厳しい補強運動に音を上げた）。

ひとりで逃げるよりも、ふたりで追いかけた方が強い。おそらく近藤と吉居の走りがシンクロしたのだろう、中継点が迫るにつれて田澤との距離が縮まり、ついには三つ巴が形成される。

このまま中継所になだれこむのか……と思っていた瞬間、吉居が飛び出した。どこにこんな力が残っていたのかという勢いで。吉居はこれで区間賞を獲得する。２０２２年の１区での飛び出しに加え、本当に駅伝に強い選手だ。

そして苦しそうだった田澤も粘って、粘って、近藤に先着して2位でたすきをつないだ。

運営管理車の大八木監督からは「ご苦労さん！」という声が飛んだ。

レース直後のテントの様子を映した映像でも、田澤は咳《せき》をしていた。当時もコロナは後遺症というか、病み上がりの期間が長いといわれていたが、とても万全の状態ではなかったことがうかがわれた。そこに近藤がやってきて、「コロナだった？」と声をかけ、田澤がうなずいていた。満足に練習がつめない状況で、よくぞあれだけ粘れたものだと感心してしまった。

田澤にとって駒澤のユニフォームを着た最後の駅伝を、大八木監督は運営管理車からどう見ていたのか。

「12月に田澤がコロナになって、どうにかこうにか練習ができるようになりましたけど、正直、多くを望んではいけないと思ってました。だからもう、最後の田澤の頑張りには感謝しかありませんよ。田澤が３年の時は、『行け、行け、行け、ここからだ！』と発破かけてましたけど、最後の箱根ではもう、『ありがとう』という気持ちでいっぱいでね」

いま書いていて思うのは、このレースは数々の偶然が重なった奇跡だったと思う。

まずは１区の流れだ。２位でたすきをつないだ駒澤から９秒差で中央、そこからわずか２秒差で青山学院が続いた。

そして「きっと、１区か３区」と思っていた吉居大和が２区に投入され、快調に飛ばしたこと。そして中学時代からクラブの仲間として一緒に練習していた吉居と近藤が並走するタイミングになった。走った後の吉居のインタビューには実感がこもっていた。

「きつくなってきたところで、近藤幸太郎君が一緒に行こうと言ってくれて」

近藤幸太郎「君」というのが、なにか甘酸っぱい感じがして、とてもよかった。吉居にとって近藤が救いの神だったことは間違いなく、藤原監督も、「あそこで近藤君が来なかったら、大和は後半にもっときつくなっていたかもしれません。ウチとしては助かりました」と振り返っていた。

近藤だが、彼は陸上に関していえばさらっと答えることが常で、

「僕はあそこまでが限界です。いやあ、大和も田澤君もすごいです。でも、自分も出し切りましたよ」

と爽《さわ》やかに語る感じなのである（彼の言葉を聞くと、いつも謙虚すぎると感じていた。いつか貪欲《どんよく》な言葉を吐く近藤幸太郎に会ってみたいと思っている）。

と、ここまで書いてきて思い出したのだが、青山学院の原晋監督は当初、近藤を2区に起用しようとは考えていなかったのだ。1月3日の大手町のフィニッシュ地点で、原監督は「秘策」があったことを私に教えてくれたのだ。

「駒澤をどう揺さぶるか。もう、先制攻撃しかないと思ったわけです。そこで近藤幸太郎を1区に持ってきて、1年生の時に2区を走ったことがある岸本大紀を2区に起用しようと考えてました。ここでリードを取る作戦です。ところが、岸本の調整が遅れたこともあって、本人から『復路に回れれば』という話があって……」

もしも、このオーダーが実現していたら、2区のレース展開はまったく違ったものになっていただろう。ひょっとしたら、青学大が主導権を握って往路のレースを進めていたか

もしれない。すべては「たられば」であるが、あったかもしれないストーリーを語ることもまた、箱根駅伝の醍醐味《だいごみ》である。

２０２３年の２区は様々な思惑、あらゆる偶然が作用した結果の区間配置だったのだ。こうして実現した吉居、近藤の争いに加えて、さらには大八木監督さえ頭が下がる思いがしたというコロナ明けの田澤の力走がなければ、あの劇的なレースは生まれなかった。あらゆる要素が絡み合って、史上最高の２区は誕生した。ただ競うだけではなく、３人の間にリスペクトがあったからこそ、あれだけ感動的な競り合いになったのだと思う。この３人はいつの日か、あのレースのことを一緒に振り返る日が来るのだろうか。その場に、ちょっと同席したいと思っている。

●笑顔の少ない大会

ウチの嫁さんは、箱根駅伝についてはほとんど知らない。ただし、時々レースを見ては感想をくれる。なかでも、印象深かったのが、

「箱根駅伝って、あまり選手の人たちが喜ばない大会なんだね。優勝した学校と、ギリギリ10位でシード権を獲得したチームの人たちしか喜んでなかった気がする」

という感想を聞いた時は、「ああ、たしかに」と思った。

大学駅伝関連で、「取ってはいけない順位」ということをよく聞く。

2位、4位、11位……。

箱根駅伝の2位は、素晴らしい結果だと思う。10人の総合力、山上りと山下りの要員の育成を考えれば、讃《たた》えられてしかるべきだし、胸を張っていいと思う。ところが、2位で喜んでいる学校は滅多に見ない。

もっとも代表的なのは、2011年の大会で、2位の東洋大が早稲田に21秒及ばなかったシーンだろう。この時は、酒井監督以下、選手全員が悄然としつつも、どこかエネルギーを溜《た》め込んでいることが伝わってきた。喜びは微塵《みじん》もなく、なにか「巨大な決意」を感じられる場だった。

箱根の場合、優勝した学校が受ける称賛があまりにも大きく、そしてファンの記憶にも残る。ところが、2位の学校は記憶から薄れていってしまう。この差を指導者、そして選手たちが実感しているからこそ、天と地ほどの差が生まれるのだろう。

ただし、2位で笑顔があった大学がある。2008年の早稲田だ。このシーズン、早稲田は渡辺康幸監督を迎えて4年目に入っていた。当初の2年間は苦戦が続いた。最初は予選会からの戦いとなり、06年は竹澤健介はじめ1年生4人を起用する布陣となった。陣容的には苦しかったに違いないが、9区終了時点まで9位とシード圏内にいた。ところが最終10区でブレーキが発生し、13位に終わってしまった。それでも翌年は6位へとステップアップ。復活の兆しが見えていた。

2008年は4年生の駒野《こまの》亮太《りようた》が5区で5人抜きを演じ、往路優勝。6区でさらに突き放し、「久しぶりの総合優勝も……」と期待がかかったが、選手層の厚い駒大がそれを許さなかった。9区で駒大が逆転、早稲田は総合2位となった。

当時、レース後の閉会式は東京ドームホテルで行われていたが（アメリカンフットボールのライスボウルの宴席も行われる日で、駅伝関係者とアメフト関係者の体格差を目の当たりにした私は「スポーツもいろいろだなあ」とひとりで感心していた）、渡辺監督は喜びを隠し切れなかった。

「早稲田なので、2位で喜んではいけないんですが……学生たちはよくやったと思います。どうしたって駒澤さんとの力の差はありました。それをなんとか優勝争いにまで持ち込んだ学生たちを褒めたいと思いますし、いよいよ優勝が狙えるところまで来たという手ごたえがありますね」

チーム力が上昇基調にある時の2位は、このように笑顔が見られる。渡辺監督は試合前、優勝には手が届かないと考えていたのだと思う。ところが選手が実力を発揮し、優勝争いに絡んだ。こういう時は、充実の表情が見られて、取材する側としてもうれしい。

同じように上昇基調にあっても、２０２３年の中大の藤原監督は厳しい表情をしていた。きっと、本気で優勝を狙っていたのだと思う。

「選手たちは本当に良くやってくれました。２位という結果を、本当に褒めてやりたいと思います。ただ……。駒澤さんとの差を見ると、１年間ずっと優勝を狙ってきた大学と、3位以内を目標としてきた大学の差が出たと思います」

2位という結果を喜ぶより、彼我の差を実感したからこそ、厳しい表情をしていたのかもしれない。

そして、もっとも明暗が分かれるのはシード権をめぐる10位と11位である。

最近では２０２２年の大会で、最終区で逆転があった。９区終了時点で8位を走行していた東海大にブレーキが発生し、創価大、帝京大に抜かれ、法政が10位に滑り込んだ。

この時の法政の坪田《つぼた》智夫《ともお》監督の佇《たたず》まいが忘れられない。

「東海さんのトラブルがなければシード権は取れなかったかもしれないですし、東海さんの心中を察すると……。それでも、ウチの学生たちがシード権を争うところでレースを進めてきたことで、10位に入ることが出来たと思います。諦めていたら、引き寄せることも出来ませんからね」

東海大へのいたわりが感じられ、笑顔を見せるのは場違い……と思っている様子が伝わってきた。それでいて、法政の学生たちへのねぎらいも忘れない。一方で、東海大の両角監督の厳しい表情も記憶に残る。力を発揮できなかった選手のことをかばいつつ、こうした場合は来季につなげるとしか言いようがない。閉会式会場は、勝者と敗者のコントラストがくっきりと浮かび上がってくる場だから、自分もなにか表現欲を刺激される場でもある。

箱根だけではない。２０２３年の全日本大学駅伝の関東予選でも、シード権をめぐる明暗があった。

立教が次点となる8位に終わり、上野裕一郎監督が学生たちを前に「取ってはいけない順位になってしまいました」と話していた。驚いたのは、立教が予選を通過し、初の全日本出場で歓喜を爆発させる瞬間を待っていた報道陣が、立教が敗れたと分かった瞬間、潮が引くようにサッと学生たちの前からいなくなってしまったことだった。

こういう場面を見ると、どうしても申し訳ないなと思ってしまう。当然、学生たちに笑顔はなく、大人たちの行動をどう見ているのだろうか、と考えてしまう。

という私も、義侠心《ぎきょう》があって残ったわけではない。笑顔が溢《あふ》れている場所よりも、笑顔が少ない場所の方にこそ「書くべきこと」があると思っているから、そこにとどまるのだ。

2001年、『Number』（文藝春秋）の取材で『ニューヨーカー』誌を訪れ、20世紀を代表する文芸編集者であり、最高のベースボールライターであるロジャー・エンジェル氏にインタビューした時、私はこう質問した。

「あなたは、負けてなお愛されるチームのことについて、よく書かれますよね」

彼はボストン・レッドソックスや、ニューヨーク・メッツのことをよく書いていた。

すると、80歳を超えてなお現役だったエンジェル氏は次のように答えた。

「負けたチームの方が、書くべきことが多いんだよ。共感できる物語がある。それを書いた方が面白いと思わないかい？」

笑顔がないこと、それは作家の内面を刺激する装置なのだ。

●都道府県対抗駅伝

２０２３年、広島で久しぶりに都道府県対抗男子駅伝が行われた。コロナ禍に見舞われた２０２１年と22年は中止となったため、３年ぶりの開催となった。

都道府県対抗は駅伝シーズンを締めくくるオールスター戦の趣がある。年末の都大路を舞台に行われる全国高校駅伝、元日のニューイヤー駅伝、そして箱根駅伝と続く流れのなかで生まれた注目選手が、最後は広島に集う。しかも中学生から社会人まで、幅広い年齢層の選手が参加するので見ていて楽しい。

記憶に残るのは２００８年の大会で、この時は１区で全国的には無名の柏原竜二（福島・いわき総合高）が兵庫・西脇工から早大への進学が決まっていた八木勇樹《やぎゆうき》に競り勝ち区間賞を獲得したことだ。これが柏原の全国デビューといっても良かったが、柏原と八木のふたりは2年後、箱根駅伝の５区で直接対決することになる。そしてまた、福島県チームのアンカーは「初代・山の神」の今井正人《いまいまさと》（順大→トヨタ自動車九州）で、実は新旧山の神が共演していたことも印象的だった。のちに柏原は「都道府県で今井さんと一緒のチームで走ることができて、ものすごく刺激を受けました」と話している。

３年ぶりの開催となった２０２３年は長野県が優勝したが、アンカーはなんと立教大学監督を務める37歳の上野裕一郎。数週間前は55年ぶりに箱根駅伝に出場した立教の指揮を執っていたが、1月3日にフィニッシュ地点の大手町でこんな話をしていた。

「この2日間、運営管理車のなかで座っていたので、ほとんど体を動かしてないんですよ。ここからは都道府県対抗駅伝を睨《にら》んで、しっかり自分の練習を積んでいきます」

箱根が終わって、ほとんどの学校はゆったりしたムードに切り替わるのだが、なにより監督自身が練習への意欲をみなぎらせているのがなんとも愉快だった。

都道府県対抗駅伝の醍醐味のひとつは、2区から3区、そして6区から7区に関しては、中学生から大学生、社会人にたすきが渡ること。未来の可能性を感じさせる瞬間である。

ここ数年だが、「スーパー中学生」が登場するようになってきた。なかでも、2018年には福岡の中学3年生、石田洸介が圧巻の走りを見せた。石田は1500m、3000m、5000mの中学記録を更新していたが、前年10月の日体大記録会の3000mで中学新記録をマークした時は、同じ組で村山謙太《むらやまけんた》（駒大→旭化成）も一緒に走っていた。そのレース、なんと中学3年の石田が、実績抜群の村山に先着しそうになったのである。現場で見ていたが、これほどたまげたレースは滅多にない。

都道府県対抗駅伝でも石田への期待は高かったが、当然、他の選手たちもその県の中のトップクラスの力を持っている。ところが、役者が違うのだ。石田の推進力はけた違いで、

２区で15人抜きを演じ、格の違いを見せつけた。ちなみにこの時の区間２位は和歌山の若林宏樹で、若林は洛南から青山学院へと進み、１年生の時に山上りで結果を残し、原晋監督から「若の神」と呼ばれるようになる。５位には山口の阿部陽樹《あべはるき》の名前もあり、彼は西京から中央へと進み、１年、２年と山上りを担当している。

石田はその後、群馬の東農大二、そして東洋大学へと進んだ。大学１年生では出雲、全日本で区間賞を獲得したが、箱根はコンディションが整わず、走ることができなかった。２年生になってからは期待されたような活躍が見せられず、上級生になってからの成長が期待される。酒井俊幸監督も石田の育成には大きなプランを持って臨んでいるようだし、トラックでの活躍はもちろん、箱根駅伝でも「鉄紺」らしさを見せて欲しいものだ。

石田の成長パターンを見ていると、中学生に対して過剰な期待を寄せるのは危険ではないか、と思う。

そこで、２０２２年に大学に入学した選手たちが、中学生だった19年の都道府県対抗駅伝でどんな活躍を見せたのか調べてみた。すると、意外な結果が浮かび上がってきた。

２０１９年の中学生区間（２区と６区）を走った選手のうち、大学１年生で箱根を走り、印象的な活躍を見せたのは私の見るところ５人だった。

山川拓馬《やまかわたくま》（長野　上伊那農↓駒大　箱根5区区間4位）
吉居駿恭（愛知　仙台育英↓中大　箱根4区区間5位）
間瀬田純平《ませだじゅんぺい》（福岡　鳥栖工↓早稲田大　箱根1区区間14位）
溜池一太（滋賀　洛南↓中大　箱根1区区間4位）
伊藤蒼唯《いとうあおい》（島根　出雲工↓駒大　箱根6区区間賞）

このように中学時代に活躍した選手であっても、順調に高校生活をおくり、箱根駅伝で1年生から活躍できる選手は、本当にひと握りなのである。

都道府県対抗駅伝に出場した選手レベルだと、周囲からの「将来は箱根だね」という期待を背負うことになる。しかし、現実は厳しい。ここで活躍した中学生を、私は複雑な思いで見ている。「ひょっとして早熟なんじゃないか」と心配になってしまうのである。

女子の方では、2023年の都道府県駅伝で、岡山の中学生・ドルーリー朱瑛里《しえり》（津山高）が驚きの走りを見せた。しかしその後、過剰な報道が繰り返され、ドルーリーは次の大会を欠場せざるを得なくなった。ナショナルレベルでなにも成し遂げていない選手に対して、過剰な報道は慎むべきだろう。

ただし、高校で活躍しないと、大学では成功しない。「高校で５０００m16分台だった選手が、大学に入ってから13分台で走れるようにはならない」という言葉は、とある大学の監督の言葉である。「陸上長距離は変数の少ない競技」だとも言われる。

そう考えると、高校から大学での競技力はかなり関係性が深いのに対し、中学での成功は高校での成功を必ずしも約束しない（中学生で出場している選手のなかには、稀《まれ》に他の部活の選手がいる）。その意味では、高校選びというのはとても大切だと思う。

もしも、陸上競技を続けるのなら、息の長い選手生活をおくって欲しい。２０２３年の大会では、鳥取代表の岡本直己《おかもとなおき》が38歳で出場した。驚いてしまうのは、岡本は00年、中学３年生で鳥取代表として２区を走り、区間13位の成績を収めている。その後、由良育英高時代に二度、明大、そして中国電力に就職してから十八度も都道府県対抗駅伝を走り（鳥取で十一度、広島で七度）、通算で１３４人抜きという大記録を達成した。

これだけ長いキャリアをおくれる選手は稀有《けう》な存在である。岡本のランナーとしての在り方は、とても大切な価値を示している。

第5章　目の上のたんこぶ

●目の上のたんこぶ　戦後から1960年代まで

この章のタイトル、最初は「倒すべき相手」としていたのだが、書き始めてみたら、「目の上のたんこぶ」がいいかなと思い始めた。

優勝経験のある監督さんたちに話を聞いていると、必ず「あそこに勝たないと」という言葉が出てくる。歴史を振り返ってみよう。

戦争による中断を経て昭和22（1947）年に復活した箱根駅伝だが（終戦からわずか1年5か月後である。先人たちの熱意、苦労がしのばれる）、東京オリンピックが開催された1964年までの18大会のうち、中央大学が6連覇を含む実に12回も優勝している。残る6回の優勝は明治、早稲田、日大が2回ずつで分け合っている。いまとは箱根駅伝への強化の本気度が違うとはいえ、中央は圧倒的な「目の上のたんこぶ」だったわけである。

その「戦後体制」に風穴を開けたのは、日本体育大学である。

日体大が初優勝したのは1969年だが、これは戦後史においても極めて重要な意味を持つ。4年生で初優勝したメンバーが入学したのは65年であり、彼らが生まれたのは46年――昭和21年だ。つまり、日本が戦後の復興に入り始めた時期で、ここから人口のボリュームゾーン、「団塊の世代」が誕生していく。つまり、日体大の躍進は団塊世代の象徴といえるのだ。高度経済成長を支えたのは労働力として「金の卵」と呼ばれたこの世代だが、大学の進学率も上昇し始め、地方の子どもたちにとっては、「日体大に進学し、教員免許を取って故郷に帰る」という選択肢ができた。これによって、日体大は全国から広く学生を集めることが可能になった。

１９６０年代まで、大ざっぱにいえば、箱根駅伝は戦前の文法が生きていた。第1回、第2回大会から参加していた伝統校が力を持っていた。しかし、日本の歴史のなかでも大転換点となった第二次世界大戦を受け、社会の変革が進むなか、箱根駅伝では日体大が69年から78年までの10年間に、実に7回もの優勝を遂げている（その他の3回は日大が一度、そして「山男」と呼ばれた大久保《おおくぼ》初男《はつお》を擁し、日大ＯＢの青葉《あおば》昌幸《よしゆき》監督が率いた大東文化大学が二度優勝している）。

私が箱根駅伝をラジオで聴き始めた１９７０年代中盤から後半にかけては日体大の黄金時代であり、どの学校にとっても目の上のたんこぶだったことは間違いないが、それよりももっと強大なもの、ガリバー的な強さを誇っていた。

当時の日体大の強さを証言してくれたのが、神奈川大学の大後栄治監督である。大後監督は１９６４年生まれで、83年に日体大に入学しているが、倉庫には70年代からの練習計画、練習日誌が山と積まれていたという。

「指導者の目線からいえば、まさに宝の山でした。どの時期にどんな練習計画を立て、どの程度実行できたのか。そして、箱根が終わったら、その答え合わせができるわけです。これだけの練習量をこなした選手であれば、何区を、どんなタイムで走破したのか、と照合しているんです。日体大に残されていたノートは、科学の実践、証明でした」

いまではほとんど語られることはないが、このメソッドを確立したのは岡野章監督である。日体大の隆盛はテレビの生中継の前の時代であり、いまと違って資料も少なく、その功績が語られることは少ないが、自分としても、一度、当時の関係者の証言を集めてみたいと思っている。

ガリバーである日体大に、果敢に向かって挑んでいったのが順天堂大学の澤木啓佑監督だった。順大は1966年、澤木が4年生の時に初優勝を遂げているが（高校時代から日本のトップクラスで、東京オリンピック出場を期待されていたほどだったから、63年から4年連続で2区を走っている）、澤木の卒業後は日体大の連覇を許していたわけだ。「プリンス」と呼ばれた澤木が監督に就任したのは、日体大黄金期の真っ只中《ただなか》の73年だった。澤木は43年の12月生まれだから、監督に就任した時はまだ20代だったことになる。若い。

澤木にとって、日体大は目の上のたんこぶでしかなかった。日体大の卒業生が教員となって全国に散らばり、そのメソッドで選手を育て、母校・日体大に送り込むという堅固なシステムを凌駕《りょうが》するためには〝エッジ〟が必要だった。それはなんだったのか。

澤木は医学部を持っている順天堂の学術的アプローチを強化に応用した。医学とスポーツ科学の統合によって、選手のコンディションを見極められるようになり、これが順天堂大のアドバンテージとなった。たんこぶを取り除くためには、やはり大きな武器を持たなければならない。

順天堂は１９７９年に二度目の優勝をつかむと、81、82年と立て続けに優勝し（間の80年だけは日体大。だが、この年の大スターは早稲田の瀬古利彦）、王者交代を果たした。

このあと、順天堂は１９８６年から89年まで４連覇を達成し、澤木監督が他校にとって「目の上のたんこぶ」になる。いま振り返ると、復路での強さが際立っていた。選手層の厚さがそうさせたのだろうが、同程度の力の選手たちがずらりと並んでいたのが印象深い。

ただ、１９８０年代の順天堂の時代に一矢を報いた大学があった。早稲田である。

１９８４年と85年は、早稲田が連覇しているが、ちょうどこのころは瀬古利彦がロサンゼルス・オリンピックに臨もうとしていた時代であり、中村清率いる「ヱスビー・早稲田連合」の黄金期で、日本の長距離界をリードする豊富な練習量が他大学を圧倒した。

順天堂の強さに対抗できたのは、なにか異様な「信念」のようなものが早稲田にはあったからだと思う。その根底には日本を代表するランナーを育てた中村清メソッドがあったことを忘れてはならないが、当時の早稲田はトレーニング方法として「リディヤード方式」を実践しており、信念と科学の融合が早稲田にもあったと思われる。

大会終了後に陸上専門誌を買って面白かったのは、早稲田の学生がみんな瀬古さんのようなスポーツ刈りというか、角刈りにしていたことだ。みんな瀬古さんと瓜《うり》二つな感じで、早稲田のトーンは一致していた。おそらく、みんな同じ理髪店に行っていたんじゃないかと思う。

●目の上のたんこぶ2　1990年代

何度も書いているが、1987年の日本テレビによる生中継が始まってから箱根駅伝は大きく変わったわけだが、ちょうどその時期は澤木監督が目の上のたんこぶだった。還暦を過ぎたオールドファンにとって、順天堂大学に思い入れを持っている人たちは、初期の中継が忘れられないのだろう。

そして１９９０年代に入って、風穴を開けたのが山梨学院大学の上田誠仁監督だった。順大の卒業生で、澤木監督の教え子だ。つまり、上田監督にとっては恩師が目の上のたんこぶだったわけだが、留学生を迎え入れるという、それまで誰も想像していなかった手法でひとつの時代を作った。

山梨学院が初優勝したのは１９９２年のこと。そして94、95年と4年間で三度の優勝を果たすのだが、ジョセフ・オツオリをはじめとした留学生のスピードは群を抜いていた。当然、留学生だけでは勝てないわけだが、上田監督は順天堂大のメソッドを取り入れつつ、「目の上のたんこぶ」となっていた。

当時を振り返って、上田監督は「最初の留学生がオツオリで本当に良かったんです」と話す。

「彼が来日した時、成田《なりた》空港に迎えに行きました。その時、競技人として、人として謙虚であるべきことを伝えました。オツオリはそれを受け入れ、実践してくれました」

この時代、山梨学院に対抗し得るのは早稲田しかなかった。１９９０年代前半の早稲田はスター軍団。90年入学の花田勝彦、武井隆次、櫛部静二、92年入学の渡辺康幸とその後、世界の舞台を睨《にら》み、そしていまは指導者として活躍している世代がずらりとそろった。これだけのチームを作ったのは現役を退いていた瀬古利彦だった。彼らをリクルーティングした時の話をいまも懐かしそうに瀬古さんは語る。

「私はオリンピックでメダルを取れなかったから、なんとかして世界と戦える人材を探していたんです。だから、『マンツーマンで見ます』と、彼らには話しましたよ。でも、花田なんかは『瀬古さんは一対一で見てくれないじゃないですか』とかクレーマーになっちゃってね（笑）。そりゃそうですよ。世界と戦える力を証明してくれたらマンツーマンで見るわけで。それでも花田は大学3年からぐんと伸びてね。その後もケンカをしながら、面倒を見たわけです」

もしも、この時期に山梨学院に留学生が来ていなかったら――。おそらく、早稲田は優勝を重ねていたことだろう。とにかく山梨学院は目の上のたんこぶだったわけだが、そのターゲットがあったからこそ、早稲田の卒業生は世界、そして指導者へと歩みを進めた気がしてならない。ライバル、ターゲットは大きく人を成長させるのである。

90年代後半になって、山梨学院と早稲田の競り合いが終わったのは、他校の全体的なレベルが上がったことが大きかったと思う。他校としては留学生をすぐさま受け入れるわけにはいかないし、早稲田のような大エースを育てられるわけでもない。ただし、ひとつ方法があった。ハーフマラソンの距離に特化した選手たちを育てれば、上位に食い込めたのである。

１９９６年は大混戦の末に中央が久しぶりに優勝したが（なんと64年以来）、特徴的だったのは97、98年大会で優勝した神奈川大学である。この本でも登場していただいているが、大後監督は日体大のマネージャーを経験して、どうやったら箱根で優勝するチームを作れるのか、熟知していた。ここに「70年代の日体大メソッド」が神奈川大で甦《よみがえ》ったのである。

大後監督は言う。

「１９９０年代まで、かつての日体大の練習方法が有効だったんです。もちろん、私なりにアレンジを加えましたが、ベースはあくまで日体大の発想です。ハーフマラソンに特化した強化が功を奏し始めたのは90年代の中盤でした。残念ながら、96年の大会では途中棄権となってしまいましたが、たすきをつないでいれば、上位に入っていたでしょう。ですから、92、93年頃から地道に走り込んで脚を鍛えることで、優勝に手が届いたんです」

大後監督の発想は、山梨学院、早稲田のようなスピードランナー、華のある選手を持つことができない神奈川大にとって、凌駕する方法は10人の同格の選手を作るというものだった。この発想、大後監督の実行力は、私には企業の「製品管理」の発想に似ていると思える。しっかりした強化プログラムを作ることによって、安定した力を持つ選手を育てる。10人のメンバーだけではなく、12人、14人と作っていけば不測の事態にも備えられる。箱根駅伝で差がつくのは、トップだけではなく、実はチームの7番手から10番手である。いわゆる復路のつなぎ区間で、神奈川大の育成プログラムはこの部分で底上げをしたことで、目の上のたんこぶを超えていくことが可能になった。

振り返れば、日体大が団塊の世代用にプログラムを作ることで部内に競争を生み、高いチーム力を保っていたことを思えば、それを応用した「大後システム」は1990年代までは有効だったわけである。日体大メソッドの進化版だったわけで、日体大発想の耐用年数は、30年ほどはあったということだと思う。100回の歴史を振り返る上で、戦後、特に昭和から平成にかけての時代、つまりは20世紀における日体大の影響というものは見過ごせないものだった。

しかし、神奈川大は目の上のたんこぶには、なり切れなかった。世紀の変わり目は、様々な大学が本気で強化に乗り出してくるきっかけになっただけでなく、とある大学の復活を呼び込みもした。

なにを隠そう、順天堂である。1999年は順大が2区に三代《みしろ》直樹《なおき》を擁して10年ぶりに優勝。この時、三代がマークした1時間06分46秒の区間新は、95年に早稲田の渡辺康幸がたたき出した区間記録を2秒上回った。こうして、再び澤木監督が各大学にとって倒すべき目標となったのである。澤木監督のその生命力たるや恐るべし。

そして澤木・順天堂をなんとか超えていこうと必死に取り組んでいたのが、30代の大八木弘明コーチが熱血指導にあたる駒澤大学だった。この後、澤木、大八木両監督の対決が箱根駅伝をますます盛り上げていく。お互いが、目の上のたんこぶになったのだ。

ライバルが存在してこその「華」、箱根駅伝は21世紀に入って、爛熟《らんじゅく》期を迎えることになる。

●目の上のたんこぶ3　駒大黄金時代

駒澤の初優勝は２０００年という世紀の変わり目のタイミングだったが、01年は順天堂大学が巻き返し、大八木、澤木両監督の対決は最高潮を迎える。

そして、かつて澤木監督が日体大を超えていったように、40代を迎えた大八木監督も澤木監督を軽やかに超えていった。駒大は２００２年から4連覇を達成し、倒すべき相手、目の上のたんこぶへとなったのである。当時の学生に対するアプローチを大八木監督はこう振り返る。

「あのころは私もまだ若かったし、結果も出始めて、『この練習メニューをやっておけば、絶対に間違いないから。勝てるから』という感じで学生たちに接してました。だから、とにかくやるんだ、と。いま思い出すと、だいぶ冷汗をかいてしまう指導法ですが、学生たちも必死に私についていてきてくれました」

大八木監督の指導法には、人生のエッセンスが詰まっていたと思う。福島・会津工を卒業してから競技を続けようと小森印刷（現・小森コーポレーション）に就職し、その後、福島にいた時にラジオで聴いていた箱根駅伝への憧《あこが》れをどうしても捨てることができず、川《かわ》崎《さき》市役所に勤めながら、駒大の夜間部に通った。

「朝起きて、働いて、昼休みにジョグに行って、また働いて。そして夜には大学に通うという生活。よくあれだけのことが続けられたと思います」

こう振り返るが、駒大を卒業してからはヤクルトでプレーイングコーチとして活躍し、駒大に戻ってきた。必ずしも真っ直ぐ進んできたわけではなく、いろいろな苦労を重ねながら陸上を続けてきた情熱、そして実業団でも実績を出してきたノウハウは、「これをやっておけば間違いない」という確信を生んでいた。

学生もその指導法に食らいつき、優勝を重ねていく。そして２００６年には宇賀地強《うがちつよし》、高林祐介《たかばやしゆうすけ》（現・駒大コーチ）、深津卓也《ふかつたくや》といった有望な1年生が入学してくる。このころから「欲というか、迷いが出てきたんです」と大八木監督は話す。

「箱根駅伝を勝つこと、これはすごく大切。でも、一方で世界に通用するランナーを育てたいという欲も出てきました。もともと、コーチになった最初の年に入学したのが藤田敦史だったということもあります。藤田は学生の時からマラソンで結果を出せたわけですからね。能力の高い子たちは、トラックでも勝負させて、それで秋からは駅伝にシフトしていく。二兎《にと》を追う形になってから、全日本は勝てるんですが、箱根ではなかなか勝てなくなってしまった」

私から見ると、大八木監督は学生長距離界で圧倒的な強さを見せつけ、言い方は悪いかもしれないが「倦怠期《けんたいき》」を迎えていたのではないかと思う。そして新しい刺激を求めた。目の上のたんこぶで居続けること、それはたいへんなことであり、少しでも成績が低下すれば心ない言葉を浴びせられた。

「４連覇をした後かな。箱根でシード圏外を走っていたことがあったんです。そうしたら、沿道から『駒澤がなんでこんなところ走ってるんだ！』と怒られるんだから（笑）」

私には笑って話してくれたが、内心は穏やかでなかったと思う。勝ち続けることの苦しさを、大八木監督は知っている。

迷いが表現されてしまったからだろうか、5連覇をかけた2006年の大会では8区で先頭に立ちながら、9区で伏兵の亜細亜大学に抜かれ、10区では追撃を試みたがそれがブレーキにつながり、5位に終わった。

この年の大会は、6校に優勝のチャンスがあったと思う。最終結果は亜細亜大、山梨学院大、日大、順大、駒大、東海大の順位になったが、この6校にはいずれもチャンスがあったが、復路でのブレーキの有無が明暗を分けた。2位になった山梨学院大は7区と8区が区間2ケタ、3位の日大も6区と7区で区間2ケタが出てチャンスを逃した。

実はほぼ優勝を手中にしていたのは順天堂大で、この大会から5区の区間距離が延び、優勝争いに大きな影響を及ぼすようになった。この年の5区区間賞を獲得したのは順天堂大の今井正人（当時3年）で、1時間18分30秒。区間2位の駒大の村上和春《むらかみかずはる》に1分の大差をつけ、往路優勝。7区まで順調に逃げたが、8区でブレーキがあり、9区の長門俊介（現・順天堂大学監督）が区間3位の走りで追い上げたが、及ばなかった。おそらく、8区で順調にたすきがつながれていれば、この年は順天堂の年になったはずだ。

６位の東海大は３区で1年生の佐藤悠基が区間賞を獲得して上位を狙ったが、山上りと山下りでブレーキとなり、初優勝を逃した。

このように、駒大は各大学が自滅していくなかで８区で首位に立ったが、９区では自らも自滅の罠《わな》にハマってしまった。

そして優勝をさらったのは、７区から10区までを無難につないだ亜細亜大学だったという次第。

この２００６年の大会を境に、箱根駅伝の「目の上のたんこぶ」は監督ではなくなっていく。

「山の神」がその地位に就くことになるのだ。

予想されたことだったが、２００７年は4年生になった今井正人が1時間18分05秒の区間新記録をマークして4人抜きで往路優勝。９区に長門、10区でも区間新を出した松瀬《まつせ》元《げん》太《た》のふたりの4年生を配置して万全の態勢で逃げ切って6年ぶりの優勝を達成した。

この時には、すでに澤木監督が勇退し、教え子の仲村明監督が優勝監督となったが、９区、10区に主力の4年生を配置するあたり、「澤木イズム」が感じられる。

そして２００８年は、大八木監督が意地を見せる。５区では早稲田の駒野亮太が区間賞を獲得し、早大が往路を制したが駒大はしぶとく2位につけた。6区終了時点では首位早大と2位駒大の差は3分11秒にまで開き、駒大にとっては「危険水域」に入ったのだが、7区、8区とジワジワとその差を縮め、9区で逆転し、3年ぶりの優勝を達成する。

この年の駒澤のチーム作りは、高く評価したいと思う。5区が決定的な要素になりつつあったが、大八木監督は5区を区間上位でまとめられれば復路で逆転できると踏んでいた。7区から10区までの早大との競り合いのなかで、総合力の差を見せつけたわけで、「10人の力」で優勝したことは高く評価したい。

しかしこの翌年、箱根駅伝の歴史をひっくり返すほどの逸材、目の上のたんこぶが登場する。

東洋大学の柏原竜二である。

●目の上のたんこぶ4　東洋大の時代

あらゆる意味で、柏原竜二は箱根駅伝の歴史を変えた傑物だ。

前節で取り上げたように、2006年から5区の区間距離が長くなり、実質的に5区の持つ比重が大きくなったことが影響したことは間違いないのだが、とにかくその走りは衝撃的すぎた。

彼が１年生で走った２００９年の５区、首位の早稲田との４分58秒差をひっくり返してしまったのは箱根駅伝史上、最高のシーンのひとつである。誰も、この大差をひっくり返せるなど、思っていなかったのだから。おそらく、彼以外は――。

柏原の走りを見ると、いつも英語の〝underdog〟という単語を思い出す。劣勢と思われるチーム、選手のことを指すのだが、柏原は劣勢を劣勢とせず、それを根本からひっくり返す気概を持っていた。その力は高校の時から秘めていた。

先にも述べたが、２００８年の都道府県対抗駅伝の１区、高校生区間で柏原は区間賞を獲得した。正直、全国的には無名の選手だったが、強豪校のランナー、区間２位の八木勇樹（兵庫・西脇工→早大）、区間３位の千葉健太《ちばけんた》（長野・佐久長聖→駒大）、区間７位の油布郁人《ゆふいくと》（大分東明→駒大）といった選手たちを抑えて区間賞を獲得し、柏原は全国に名乗りを上げた。

東洋大に入学すると、いきなり関東インカレの５０００ｍで日本人トップとなったのにはたまげた。本人に取材をすると、大学に入った時のマインドセットが違った。

「１年生から勝負していかないことには、いつまで経っても勝負できないと思っていました」

大学に入ったばかりで、ここまで思いつめる選手はほとんどいないのではないか。競技者としてのアイデンティティをかけて、陸上で勝負しようという気概が、他の選手たちとは違った。福島のいわき総合高、陸上では無名校の卒業生は、大学に通って半年もしないうちに、エリートランナーの仲間入りをしようとしていた。underdogであることを卑下することなく、それをポジティブな力に変えてしまったのは内面から湧き出る力だった。

その力を見せつけたのが箱根駅伝だったわけだが、とにかく追いかけるのがこれほど似合う選手はいなかった。映像で見ても、箱根山中で先行する選手たちをかわしていく姿にはなにかを訴えかける力があった。あれは、内面から湧き出る表現欲求だったのか、それともたすきをかけた責任が昇華していたのだろうか？　この年、復路でいったんは早稲田に逆転を許したものの8区で再逆転し、東洋大は初優勝を手にする。柏原が4分58秒もの大差を消したからこその優勝である。

とにかく柏原は1年生の時から神々《こうごう》しく、箱根駅伝と東洋大の歴史を変えた。そして他校にとっては、柏原ひとりが「目の上のたんこぶ」となる。それまでは監督の存在が越えるべき壁だったのだが、柏原が登場してからは完全に個人がその対象となったのだ。

２００７年に今井正人も「山の神」と呼ばれたが、完全に定着したのは柏原からである。それほどインパクト、衝撃がデカすぎた。

そして、柏原が５区に控えているという事実が、他の大学の戦略に大きな影響を及ぼした。特に早稲田にとっては。

もしも、柏原がいなければ、早稲田は２００９年から12年の間に二度、ひょっとしたら三度は優勝していたかもしれない。当時の渡辺康幸監督が「とにかく柏原君が目の上のたんこぶなんです。彼をどうにかすることは出来ませんが、なんとか勝つ道を探すしかないんです」と言っていたほどである。

柏原は続く２０１０年も７位でたすきを受けたものの、首位を走る明治に対し、４分26秒差を逆転、区間記録を１時間17分08秒まで伸ばした。区間２位、山梨学院大の大谷康太《おおたにこうた》のタイムが１時間21分16秒だから、ひとりで４分の〝貯金〟を作れる計算になる。４区までにひとり１分の差をつけても柏原ひとりに逆転されてしまうのだ。

当時の空気を表す言葉を、私は複数の監督から聞いた。総合すると、こうなる。

日本を代表するランナーを育てようと５区の区間延長をしたけれども、これじゃあ駅伝じゃない。５区の成績がそのまま総合成績につながってしまっている――。

他校の監督がそう嘆いてしまうほど、柏原の力は破壊的だった。

ただし、続く２０１０年度、早稲田の渡辺監督は東洋大を倒しにかかった。春先から「三冠」を掲げたのである。箱根だけではなく、スピードの出雲、バランスが問われる全日本にも勝ちにこだわった。そして箱根では、４区までどれだけ差をつけたとしても安全圏は存在しないが、往路が終わる時点で30秒、あるいは1分差以内でフィニッシュできれば、復路で勝負できると踏んだ。つまり、全体の底上げを行い、東洋大を凌駕《りょうが》するプランを立てた。

それが可能になったのは、大迫傑が入学してきたことが大きい。２０１０年11月、私は初めて大迫にインタビューしたが、「駅伝には興味はありません」という言葉を聞き、たまげた。これだけハッキリと物をいえる1年生は早稲田に限らず、陸上競技、いや、すべての大学スポーツを含めたとしてもいなかったと思う（いまだに大迫を超えるインパクトを持つ1年生には出会ったことがない）。

出雲、全日本を制した早稲田は、箱根の1区に大迫を起用する。序盤で飛び出した大迫は区間賞を獲得し、これによって早稲田は主導権を握った。あれだけの飛び出しは、自信がなければ出来ない。大迫は、自分のステージは箱根ではないと伝えてくれていた気がする。

そして早稲田は4区終了時点で、3位の東洋大に2分54秒の差をつけていた。過去2年と照らし合わせると、決して安全圏ではない。しかも早稲田は急遽《きゅうきょ》、9区に予定していた猪俣英希《いのまたひでき》を5区で起用せざるを得ない苦しい台所事情だったが、猪俣が粘った。山頂手前で逆転を許したものの、芦《あし》ノ湖《こ》のゴール地点での差は27秒だった。

渡辺監督が描いていたプラン通りの展開になったのだ。

そして早稲田は6区の山下りで逆転し、7区で差を広げた。東洋大は8、9、10区と徐々に差を縮めていったが、最終的に早稲田が21秒差で逃げ切って優勝した。

箱根駅伝史上、劇的なレースのひとつである。しかし、これによって早稲田が目の上のたんこぶとなり、東洋大はリベンジを誓う。2012年、「その1秒を削りだせ」をスローガンに東洋大は逆襲に成功したのだった。

●目の上のたんこぶ5　青山学院の時代

柏原が卒業した後も、山を制する者が優勝するというセオリーは続いた。2013年は強風が吹き荒れる波乱の大会となり、服部翔大が5区で区間賞を獲得した日本体育大学が

30年ぶり10回目の優勝を達成した。日体大は風を味方につけたのである。

　そして2014年は雪辱を期する東洋大が設楽啓太を5区に起用して優勝。本来、設楽啓太は平場の人材だと思うが、やはり力のある人材を山に投入しなければならないと考えた酒井監督のアイデアが奏功した。

　振り返ってみると、2010年代前半は東洋大が目の上のたんこぶになっていた。私の原稿も柏原、設楽啓太に焦点を絞ってしまっているので、エースの力で勝ったように読めてしまうが、実際は柏原の学年は競争が激しく、全体の底上げが出来ていた。12年大会では柏原はトップでたすきを受けたため、抜く相手がいなかったのだから……。そして設楽兄弟（啓太・悠太）、服部兄弟（勇馬・弾馬）と日本のトップランナーを育てたことも忘れてはならない。酒井監督は〝総合力〟と〝エース力〟の両輪を完成させ、他校にとって倒すべき相手になっていった。

　東洋大を倒すのは、どこか？

　その筆頭に挙がっていたのは大八木監督の駒大だった。優勝から遠ざかってはいたが、2015年大会には中村匠吾、村山謙太の4年生、3年生に其田《そのた》健也《けんや》、2年生には西山《にしやま》雄介《ゆうすけ》、大塚祥平《おおつかしょうへい》と、のちにマラソングランドチャンピオンシップ（MGC）の権利を得る選手たちがそろっていた。

いま、名前を列挙してみて驚いた。これだけの人材が当時の駒澤にはそろっていたのだ。ところが、優勝を軽やかにさらっていったのが青山学院だった。青学大の初優勝は、新しい「山の神」、神野大地の活躍で記憶される。神野の記録は1時間16分15秒で、「柏原級」のとてつもない記録タイムだった（ちなみに区間2位は日大のダニエルで1時間18分45秒）。

しかし、青山学院も駒澤に負けず劣らず選手層が厚かった。MGCの権利を獲得することになるのは神野、一色恭志、小椋裕介、藤川拓也の合計4人で、さらにはトラックで東京オリンピックの出場まであと一歩と迫った田村和希もいた。優勝タイムは10時間49分27秒。ついに、10時間50分を切ったのである。それまでは10時間台突入がひとつの目安だったのに、青山学院は一気にスタンダードを引き上げた。

箱根駅伝全体を見渡してみても、2010年代中盤は尋常ではないほどに各大学に人材がそろっており、総合力にプラスして山上り、山下りのスペシャリストを育てなければ優勝できない時代に突入していた。13年に東京オリンピックの開催が決まり、それによって大学生の意識が変わってきたことが大きかったように思う。

ここから青山学院の治世となるわけだが、2016年は実に6区間で区間賞を獲得した。2位には東洋大、3位に駒大が入っているのは、両校があくまで優勝を狙って強化を進めていたことの証《あかし》だが、青学大が強すぎた。

青山学院が目の上のたんこぶとなって、いろいろな意味で箱根駅伝は変容し始めていた。青学大は、大学のイメージそのままに明るく、表現力豊かな選手が多かった。キャラクターの打ち出し方を含め、それまでの文法にはない存在感を示した。

柏原の登場によって箱根駅伝のポピュラリティは一気に異次元へと達したが、青山学院の優勝は「ライト層」と呼ばれるファンの流入を促した。

この時期、ライバル校の監督たちが原監督をどう見ていたかはとても興味深く、私がとても納得したのは、ある監督の次のような分析だった。

「青学さんは箱根駅伝で〝パッケージ〟を作ったんだと思います。なにより意識の高い集団を作る。監督が練習を不在にしていても、競争が激しいから選手たちも手を抜かない。朝練習でしっかり距離を踏んでベースを作り、最近だとハーフマラソンの距離にぴったりの人材を育成してきましたね」

各大学の監督たちは、安定した青学の強さを崩すために、知恵を絞った。戦術的に揺さぶりをかけるのが上手《うま》いのは、東洋大の酒井監督だ。とにかく主導権を握らせないために、序盤にカードを切る。特に1区。2017年は4年生になった服部弾馬を起用、18年は1年生の西山《にしやま》和弥《かずや》を投入して、いずれも区間賞を獲得している。特に18年はたすきがうまく流れ、往路優勝をつかんでいる。しかし、復路に入ってから青山学院の山下りのスペシャリスト、小野田《おのだ》勇次《ゆうじ》に逆転を許し、東洋大も粘るものの、復路人材の質は青山学院の方が上だった。

酒井監督の采配《さいはい》で唸《うな》ったのは2019年大会である。この年も西山を1区で起用して首位に立った。青山学院は慌てず騒がず、3区で主将の森田歩希がトップに立つと、運営管理車の原監督は「今年も、もらった」と思ったという。

ところが、東洋大が4区で揺さぶりをかけた。この年、必ずしも万全ではなかった相澤晃（当時3年）が4区に回っていたのだが、相澤が先頭を走る青学大の岩見《いわみ》秀哉《しゅうや》を猛追し、一気に逆転してしまう。おそらく岩見は思考と身体がバラバラの状態でブレーキを起こしていたのだと思う。学生の場合、自分のイメージ通りに身体が動かないとパニックを起こしてしまう。ブレーキの実態は、こうした「乖離《かいり》」によって起きる場合がある。

このあと、東海大までもが青山学院を捉え、これが総合優勝の行方に大きな影響を与えた。往路優勝したのは東洋大で、東海大が2位。青山学院は5区でもブレーキがあり、なんと6位にまで後退してしまった。

復路、総合力を発揮したのは東海大だった。すべての区間で安定した走りを見せ、8区で東洋大を逆転。東洋大は残念ながら9区、10区でブレーキとなり、総合優勝を逃してしまった。

この大会を改めて振り返ると、目の上のたんこぶで5連覇を狙っていた青山学院を阻止したのは、東海大の総合力と、酒井監督のかけた揺さぶりの「合わせ技一本」だったと私は思っている。

2015年以降、青山学院は圧倒的な存在だった。しかし、強いチームが登場するからこそ、他校も一生懸命強化し、監督たちは知恵を絞る。私は、青学大の登場が全体のレベルを引き上げ、酒井監督をはじめ、指導者が知恵比べをする面白い展開を作ったと思っている。

こうして見ていくと、2010年代に青学大が果たしてきた役割の大きさを感じざるを得ないが、さらにそこにもうひとりの巨星が復活する。

またしても、大八木弘明の時代が来るのである。

●目の上のたんこぶ6　駒大復活

第１００回を前に箱根駅伝は爛熟期に入った。優勝を狙うチーム、常連を目指すチーム、そして出場を目指すチームと、様々な大学の思いが交錯し、かってないほどのハイレベルな環境で競争が行われている。

そのなかで２０１５年以降、各大学にとっては青山学院が目の上のたんこぶになっていたが、21年の大会から様相が変わってきた。

この年は十中八九、創価大学が優勝を手中にしていた。創価大は４区で嶋津《しまづ》雄大《ゆうだい》（都立若葉総合出身の彼は、東京都高体連の第５・６ブロックの大スターである）がトップに立つと、往路優勝。復路に入っても各走者が安定して走り、８区終了時点で２位の駒大に１分29秒差をつけていた。追う駒大とすれば、ひっくり返すにはギリギリのラインである。

ところが、創価大は９区で決定打を放った。４年生の石津《いしづ》佳晃《よしあき》が区間賞を獲得し、３分19秒にまで差を広げたのである（石津はこのレースをもって現役を引退し、一般企業に就職すると聞いていた。いまは、走っているのだろうか？）。

これは、安全圏。誰もがそう思ったはずだ。ところが――。

創価大の小野寺勇樹《おのでらゆうき》が大ブレーキとなって駒大が大逆転。駒大は、実に13年ぶりの優勝を手にしたのである。

これほど劇的な逆転劇は、箱根ではそうそう起きない。そしてこのレースを見て、かつて大八木監督が私に話していたことを思い出した。

「いつでも3位以内、どこでも3分以内につけてるって大切なことなんだよ。駅伝はなにが起きるのか分からないから」

最終区で3分以上も離されていたものの、駒大は2位につけていたからこそ、大逆転することができた。途中であきらめていたとしたら、逆転劇はなかった。

逆に、創価大の榎木和貴監督にしてみれば、千載一遇のチャンスを逃したことになる。このレースを振り返って創価大の走りを吟味してみると、これはフロックでもなんでもなく、実力で往路優勝をつかんでいたことが分かる。1区の福田悠一《ふくだゆういち》が区間3位でスタートすると、2区のムルワが区間6位ながらも総合2位へと進出する。ムルワは東京国際大のヴィンセントのような爆発力はないが、区間上位でまとめる力があった。

そしてしびれるのは3区葛西潤《かさいじゅん》、4区嶋津の流れで、このふたりは学生界のトップランナーである。嶋津の段階で先頭に立ったのは必然だった。そして5区山上りの三上雄太《みかみゆうた》も区間2位の好走とあって、見事な往路優勝だった。私はこの結果を改めて振り返り、自分の不明を恥じざるを得ない。この創価大は往路で勝つべくして勝ったのだ。

言い訳をするなら、創価大が「ほぼほぼノーマーク」だったのは判断材料が乏しかったからだ。このシーズン、出雲駅伝はコロナ禍によって中止（創価大は箱根で9位に入り、出場権を持っていた）、そして全日本には出場していなかった。箱根の予選会に出る必要がなく、全日本も走っていない。これではマークする方が無理というもので、箱根駅伝の歴史のなかでも、２０２１年の創価大学は「真のダークホース」だったと思う。ある意味、コロナ禍によって引き起こされた駅伝カレンダーの変更が、創価大のステルス化を生んだともいえる。

もしも、ここで創価大学が勝っていたら——。その後数年間は優勝を狙える位置につけて、目の上のたんこぶへと成長していく可能性もあったと思う。10区でのブレーキは誰にも予測できないことで、気の毒としか言いようがなかった。

一方、駒大はこの逆転優勝で再び主導権を握る立場に帰ってきた。

２０２２年は、前年、主将神林勇太の故障離脱が影響し、4位に終わった青山学院が最高の状態を作り上げて、大会記録を10時間43分42秒にまで更新し、意地を見せた。

私はこの大会を見て、「青山学院は箱根に特化した学校になったな」と感じた。スピードランナーであっても、春先もトラックでのタイムを貪欲《どんよく》に求めず、しっかりとした「地脚」とでも呼ぶべきものを作る。

こうして駒澤と青山学院という、実績抜群の両校が目の上のたんこぶ、というよりも「東西両横綱」という存在になった。

そして、２０２３年の大会で駒澤が勢いに乗っていることが分かった。２大会前の優勝、そして田澤廉というエースがいることで、佐藤圭汰も入学。久しぶりの優勝が一気に「流れ」を変えたのだ。

２０２４年の第１００回、そしてその先を見据えると、99回大会で上位に入った学校が両横綱に挑戦していくことになるだろう。現状、総監督になったとはいえ、いまだ駒大の現場で指導にあたる大八木監督と、この10年間でもっとも成功を収めた原監督が倒すべき相手である。このふたりがいるからこそ、レベルがどんどん上がっている。２０２３年は駒大の優勝タイムが10時間47分11秒、2位の中大も10時間48分53秒で、2校が10時間50分切りを達成している。そして11位の東京国際大学までが11時間を切っており、厚底シューズ時代とはいえ、10年前の優勝タイムがシード権獲得ラインとなるまでにレベルが上がったのである。

この高速化時代にあって、両横綱に挑んでいく監督たちのキャラクターは充実している。完全復活をかける中央の藤原正和監督は、このふたりをなんとしても倒さなければ頂点には手が届かない。國學院大の前田監督にとっても、母校・駒澤を倒さなければ箱根での初優勝にたどりつけない。そして世代トップのランナーが続々入学している順天堂大学の長門監督も、「選手と監督として優勝」という名誉がかかる。早稲田の花田勝彦監督、城西の櫛部静二監督、そして創価大の榎木監督にも「選手と監督」の二冠のチャンスが、向こう数年のうちに訪れる可能性がある。

特に、リクルーティングの流れを見ていると、２０２０年代は中央と順天堂の時代がやってくるのではないか——という予感がしてならない。そして優勝したならば、それに引き寄せられる高校生、中学生が出てくる。

注目される藤原監督は１９８１年生まれ、長門監督は84年生まれ。30、40代の指導者がいよいよメインストリームの時代に入ってきた。それでも——。原監督をはじめ、50代の指導者たちも黙ってはいないだろう。プライド、闘争心を持ち、第一線で指導を続けている監督たちばかりだから。

第6章　メディア

●ラジオ

昭和50年代の日本のお正月は静かなものだった。お店はすべてお休み。宮城県の気仙沼《けせんぬま》なんて、シーンとしていたものだ。日本全国、いつから元日でもお店を開けるようになったのだろう？　静かなお正月が懐かしかったりする。

わが家は食堂で、大晦日《おおみそか》までお店をやっていたし、滅多になかったけれど、望まれれば元日にも出前に行ったりしていた。自分も正月からラグビーや駅伝の取材に行くのが苦だと思わないのは、母親の背中を見ていたからかな、と感じる。好きな仕事、求められている仕事であれば、お盆もお正月も関係ない。

そんな環境で育ち、私は昭和52（1977）年のお正月から箱根駅伝を聴き始めた。

当時も東京の民放局は中継をしていたようだが、ラジオの中波（といっても、もう若い人には通じない）は電波の性質として昼間は遠くに届かず、宮城では夜にならないと東京の放送局は聴けなかったから、もっぱらNHK第一で聴くのが毎年の楽しみになった。

小学校低学年の時から、私はすでに東京六大学野球、ラグビーの「耽溺《たんでき》の沼」に足を踏み入れていたが、1974年に法政大学に進んだ次兄が「今度、早稲田に瀬古というすごい選手が入ったんだ」と教えてくれた。一浪して1976年に早稲田に入った瀬古さんは、大学1年の箱根駅伝で一時は順位を大きく上げたが、後半に失速して順位を落とした。それでも「瀬古」という響きがとても良くて、私の記憶のなかに瀬古利彦という名前が刻まれたのである。

のちに、瀬古さんに大学1年生の時の話を聞いたことがある。

「あの時は苦しかったよ。最初はいい調子で入れたんだけど、2区が25・2㎞もある時で、最後の権太坂で足が止まってしまったんです」

瀬古さんが、解説席で2区の走りについて、序盤はわりと慎重に入るランナーを好むのは、自分の経験が影響しているのかなとも感じた。それは渡辺康幸監督も同じだ。

瀬古さんは、このあとの2月に京都マラソンに出場して2時間26分00秒で10位に入り、新人賞を獲得している。

「箱根駅伝も苦しかった。京都マラソンはもっと苦しかった。もう二度とあんな苦しい思いはしたくない。それでいっぱい練習しなくちゃいけなかったんだ」

瀬古さんはそう振り返っている。そして1977年の福岡国際マラソンで5位に入り、日本中に名を知らしめた。エンジに「W」のユニフォームがなんともカッコ良かった。

瀬古さんは年が明けて箱根駅伝の2区を走っている。この時は法政の成田《なりた》道彦《みちひこ》（のちに法政の監督になる）に区間賞を譲った。なんだか悔しかったのを覚えている。それでも瀬古さんは気にしていなかった。

私がインタビューした時に「箱根？　あれはついでに走ってたからね」というひと言に度肝を抜かれた。１９８０年はモスクワ・オリンピックの代表に内定してから箱根に登場した。この年、ＮＨＫはラジオばかりではなく、新春列島中継的なもので2区から3区の映像を流した。これは田舎に住んでいた私には画期的なことで、食い入るように見た。瀬古さんは当時のことをこう振り返る。

「日テレさんもまだ中継していなかったし、箱根はそこまで大きな大会じゃなかった。もしも、私が箱根でケガでもしたら、たいへんな騒ぎになっていたと思うよ。オリンピックの方が大切なのに、大学のレースでケガをしてしまうのかって。それくらい、大会の価値がいまとは違いましたよ」

当時は、ＮＨＫラジオも完全中継ではなかった。1区から2区は生中継だったが、3区以降は毎時０分のニュースのあとに5分ほどの速報があり、通過順位をレポートするだけだった。小学生だった私は、必死にノートに順位を書き留めながら、ラジオから伝わってくる箱根駅伝の風景に想像をめぐらせた。

ラジオからでも聴き取れる沿道のざわめき、早稲田・中村清監督の早稲田大学校歌。

いつか、東京で暮らせたらな。そう思っていた。

映像ではリアルすぎて、ここまで妄想は広がらなかったかもしれない。音だけだったからこそ、小学生の私は「箱根駅伝」への妄想を膨らませることが出来たのだ。

振り返ってみると、小学生の時からラジオを聴きつつ、区間ごとの通過順位をノートにつけていたのだから、いまの仕事の内容とやっていることは変わっていない。私は小学生の時からまったく同じことをしているだけだ。

１９８６年、私は受験生だったが、それでも箱根駅伝を聴いていた。この年は早稲田の3連覇がかかっていた年で、金哲彦《きんてつひこ》さんが4年生だった。早稲田は往路優勝したが、往路で6分32秒差もつけていた順天堂大に10区で逆転された。日本テレビの中継が1年早く始まっていたとしたら、ものすごいレースが見られたはずだが、ラジオで順天堂が早稲田に追いつく様子は、とても聴いていられなかった。悔しい思いをしつつ、私は「赤本」に向かったような思い出がある。金さんとはのちに、２０１７年のロンドン世界陸上の時に、一緒にロンドン市街をジョギングさせてもらった。

ラジオから聞こえる箱根駅伝に思いを馳《は》せたのは私だけではない。大八木監督もそのひとりだ。「私は福島でラジオを聴いてました。瀬古さんは福岡国際を走ってから箱根の2区を走ってたわけで、あれが普通のことだと思ってました。そしたら、自分が指導者の立場になってみたら、あんなことは瀬古さんしか出来ないことだと分かりましたよ。瀬古さんは、とんでもない人だった」

現在、ラジオでの中継はNHKラジオ第一、文化放送、ニッポン放送、ラジオ日本で行われているが、昔とは違って各局とも日本テレビの映像を見ながら実況している。アナウンサー、解説者で番組のトーンを演出し、各中継所のレポートで独自色を出していく。一週間は追っかけ再生もできるので、勝負どころの実況がどんなものだったのか、自分が知らない情報はなかったか、レース後のレポートを聴くこともある。映像素材を見ながら話す前の時代は、文化放送はジープでコースを先回りしながら、生実況とレポートをしていたという。

いまは、仕事でつながりが出来た文化放送の事前番組「箱根駅伝への道」をよく聴いている。インタビューがテレビとはまた違っているので、いろいろと参考になる。

日本テレビの中継がなければ、これだけの大会に成長しなかったわけだが、それでもずっと中継を続けてきたラジオ局があったからこそ、私はこの仕事をしていると断言できる。

ラジオは箱根駅伝の窓であり、想像を広げてくれる装置だった。

●日本テレビ生中継

私が早稲田大学に入学したのは1986年のことである。この年度は、箱根駅伝にとって大きな意味を持つことになる。

その年の暮れ、サークルの先輩の草間《くさま》さん（千葉・市川高出身）と、同級生の松元《まつもと》（鹿児島高出身）が「年末年始は箱根でバイトだよ」と話しているのを聞いた。それが日本テレビの箱根駅伝のバイトだと知ったのは、後になってからのことである。

1987年、日本テレビは箱根駅伝の生中継を始めたことで、日本のスポーツ中継の歴史を変えることになる。それまで箱根駅伝をテレビで見られるのは、テレビ東京が1月3日に最終10区を中継するなど限られた機会しかなく、宮城県で生まれ育った私には高校時代まではラジオ中継を聴く以外に箱根駅伝に触れる手段はなかった。視聴者には想像すべくもないが、5区、6区の中継を実現するための技術的なハードルは想像を絶するものがあったという。生中継の生みの親である坂田《さかた》信久《のぶひさ》プロデューサーは当時のことをこう振り返っている。

「最初は役員会で猛反対され、何度も却下されました。山中からの中継という技術面の問題に加え、『関東のローカル駅伝で全国の視聴率が取れるわけがない』『資金面はどうするんだ』など、色んな課題を突き付けられました」

視聴率は中継初年度に往路は18・7パーセント、復路が21・2パーセントと大台に乗った。役員会で「視聴率が取れるわけがない」と言っていた人は、なにを考えていたのだろうか？　その後の視聴率は20パーセント台後半で推移していたが、2003年に駒大が優勝した時に復路で初めて30パーセントを超えた。

箱根駅伝のコンテンツとしての強さは21世紀に入ってからも続き、2021年に10区で駒大が創価大を大逆転した時は復路で33・7パーセントを記録し、これは過去最高視聴率となった（いずれもビデオリサーチ社関東地区視聴率）。

なぜ、中継としてこれだけの強さを発揮できるのだろうか？　坂田氏は自身が中継から退く時、後輩たちにこう言い残したという。

1　テレビ中継が箱根を変えてはいけない

2　チームと選手にエールを送る放送に

3　中継〝している〟ではなく〝させて頂いている〟という感謝の気持ちを持つ

この精神は、いまだに受け継がれているように思う。特に、競技に関してはテレビが箱根駅伝の競技そのものを変えたという痕跡《こんせき》はない。

そのかわり、日本テレビの中継は駅伝を取り巻く社会を変えた。いま、箱根駅伝は学生スポーツでナンバーワンの社会的影響力を誇っている。ちなみに学生スポーツの歴史では、大正時代から昭和50年代前半までは東京六大学野球が圧倒的な力を持ち、数々の名選手を生んできた。長嶋茂雄《ながしましげお》（立大）を筆頭に、星野仙一《ほしのせんいち》（明大）、田淵幸一《たぶちこういち》（法大）、江川卓《えがわすぐる》（法大）、岡田彰布《おかだあきのぶ》（早大）……。

そして1980年代は大学ラグビーの絶頂期で、雑誌には大学ラグビーの特集が組まれた。松任谷由実《まつとうやゆみ》が『NO SIDE』を作ったことからもそれはうかがえる。早稲田、慶應、明治、同志社といったラグビー強豪校のブランド価値にラグビーは少なからず影響を与えていた。

そしてそこに箱根駅伝が加わり、年々、影響力を増してきた。コンテンツとして大きな魅力を持っているということは、様々な波及効果を及ぼす。この大会の社会的影響力を、大学経営陣は見逃さなかった。

テレビ中継が始まって間もない時期、そして21世紀を前に、少子化の時代を迎える日本で、各大学は生き残り戦略を立てざるを得なくなった。大学の統合、そして女子大学新規募集停止などは、時代の流れの一部である。

新世紀を迎えるのをきっかけとして、長距離ブロックの強化に乗り出した学校もあった。なかでも成功を収めたのは、青山学院だろう。青学大の経営陣は、強化指定部だった野球部、ラグビー部に対する投下予算を減らしてまで、陸上競技の長距離に特化する戦略を採った（現在も野球、ラグビーともに健闘を見せている）。

この集中投資は、言うまでもなく大成功を生んだ。

面白いもので、青山学院の選手たちは、青学の都会的な雰囲気を醸し出していた（東京都出身の選手はほとんどいないにもかかわらず）。原晋監督は言う。

「やはり、ブランドイメージは大切です。青山学院という学校が持つブランド力、発信力を選手たちも体現しないといけない。私は、青学にふさわしい選手に声をかけさせてもらっています」

青学大に限らず、強化に本腰を入れた学校がこれほどまでに増えたのも、日本テレビの中継があったからだ。競技、大会の本質を変えずして、社会を変えたのは大きな功績だと思う。

私は、大学に入って箱根駅伝の楽しみ方がラジオからテレビに変わって、ずいぶんと衝撃を受けた。憧《あこが》れの大会が、10時間以上テレビで見られる時代が来るなんて――。

そしてスポーツジャーナリズムの世界に入り、日本テレビの中継で初代総合ディレクターを務めた田中晃《たなかあきら》さんと知己を得た。田中さんは在職中に巨人戦の中継では「劇空間プロ野球」などのコンセプトを打ち出し、テレビとスポーツの関係性を追求された大先輩である。そしてまた、私に中継の裏話を教えてくれた。

「第1回の放送、全国の系列局からの応援を受けて配置した人員が約650人、うち300人が5、6区を担当ですよ。万全の準備が出来たと思っていたら……箱根のホテルを誰も予約してなかった。その時、ホテルのホールを提供してくださったのが、小涌園《こわきえん》さんなんです」

中継のチェックポイントのなかで、ホテル名が呼ばれるのは「小涌園前」だけだ。それはこの時の恩があるからだという。

「食事は13食連続で冷たいお弁当。過酷な状況を乗り切れたのは、どの放送局もやっていないことにチャレンジする高揚感、使命感があったからだと思うね」

そして田中さんは、箱根駅伝の価値をこう話してくれた。

「生島君もご存じだろうけど、現代のスポーツイベントはメディア・スポンサーが果たす役割が大きいわけです。でも、箱根駅伝は違う。長い歴史を紡いできたのは学生たちの意志と情熱。これなんです。太平洋《たいへいよう》戦争で中断しても復活できたのは、学生たちに『走ることで元気を出そう』という固い意志があったからですよ」

田中さんはいま、WOWOWの社長を務めている。WOWOWが十八番《おはこ》としているテニスだけでなく、パラスポーツのドキュメンタリー、そしてラグビー中継が増えたのも、田中さんがいるからだろうな……と私は勝手に想像している。

●マーケティング

1990年、大東文化大学が久しぶりに優勝した年に、私は広告代理店に入社した。出版社か、NHKのスポーツ報道を希望していた私としては必ずしも100パーセントの満足を得られたわけではなかったが、結果的に私はその会社のカルチャーが好きだった（99年まで9年3か月勤めることになる）。

箱根駅伝については、お正月に母校を応援する立場でしかなかったが、広告代理店に入ってから少し見方が変わった。

1987年にテレビ中継が始まり、90年代に入って箱根駅伝を取り巻く社会は変わりつつあった。前述したように大学の経営戦略の一環として強化に乗り出す学校が出現し始めたのである。

箱根駅伝の歴史を振り返ると、3つの大きな強化の「ブースト期」がある。

① 日本テレビによる生中継が始まり、その効果を見据えた1990年代
② 21世紀＝少子化時代を迎えるにあたり、経営戦略を見直した関東の大学のなかには、箱根駅伝に経営資源を投下することを決定した大学があった
③ 2024年、第100回箱根駅伝をターゲットに、出場、優勝を目指す大学が出現

この3つの時期は、箱根駅伝にとって重要な意味を持った。まず、第一期の1990年代に「先行者利益」を得たのが神奈川大学だった。

神奈川大にとって、箱根駅伝は「ホーム」とも呼べるコースを走る。

1997年に神奈川大学が初優勝するが、きっかけとなったのは89年に日体大の大学院

を修了した大後栄治氏を指導者として招いたことである。

大後先生（取材でいつもそう呼んでいるのでここではそう書かせてもらう）は、１９６４年生まれ。83年に日体大に入学し、87年に卒業している。実はこの時代は、日体大の混迷期に当たる。日体大の黄金時代を築いた岡野章監督がチームを離れ、指導者が不在の状態になり、学生主導で練習計画、そしてレースプランを考えざるを得なかったのだ。大後先生はその時、マネージャーだった。

コーチに就任した時点で、神奈川大は15年間も箱根駅伝から遠ざかっていたが、「日体大メソッド」は神奈川大でその正しさを証明することになる。なんと、コーチに就任してわずか3年目の１９９１年の箱根駅伝予選会で、神奈川大は18年ぶりに予選を突破する。当時の予選会は5チームだけが通過できる狭き門。神奈川大は着実に力をつけていた。

そして１９９６年には本選で途中棄権というアクシデントに見舞われたものの、97、98年と連覇を達成する。大後先生は、

「ハーフマラソンの距離に特化した練習をしていたんです。当時、そこまで割り切って強化を進めていた指導者はいなかったんじゃないですかね」

続いて大きな進化を見せたのが、卒業生の大八木弘明をコーチとして迎えた駒澤大学だ

った。

駒大の強化スピードは「特急」だった。大八木コーチ（当時）の就任2年目には、復路優勝を達成する。

「とにかく、子どもたちに自信をつけさせたくて、〝優勝〟にこだわったんです。そしてアイデアとして浮かんだのが復路優勝。主力を復路に温存したら、作戦が当たりました」

そして3年目の１９９７年度には出雲駅伝で初優勝、98年には出雲、全日本の二冠を達成する。そして5年目のシーズン、２０００年の箱根駅伝で初優勝を遂げる。頂点への駆け上がりのスピードは、まさに「駒澤特急」だった。

神奈川大、駒澤大に加えて、１９８０年代からすでに本格強化に乗り出し、そこに全国中継がうまく効果を発揮した山梨学院大も加えて構わないのだが、80年代終盤（つまり、昭和の終わり）から90年代にかけて強化に乗り出した学校のユニフォームを見て、共通項があることに気づいた。

ユニフォームに入っている大学のロゴが、すべて漢字なのだ。

箱根駅伝の草創期から参加している伝統校、早稲田、明治、慶應、中央、法政、そして日大などは大学名の頭文字をユニフォームに入れている。エンジのW、紫紺のMを見れば、大学スポーツファンならばどの大学なのかは一発で分かる。

一方、１９９０年代以降、本格的に強化に乗り出した学校の場合、漢字で大学名を入れるのは、入試の出願時期に重なっているからだ――と気づいた。これはおそらく、私が広告代理店に入社していなければ、見過ごしていたかもしれない事象だった。

日本の大学の一般入試の場合、箱根駅伝が終わった1月中旬あたりから出願する時期を迎える。箱根駅伝はちょうど、大学名をアピールするには格好の時期なのである。見方を変えれば、日本の受験カレンダーと箱根駅伝の相性が良かったからこそ、関東の20校を超える大学が強化に力を入れている、と見ることもできる。

そして実際に、活躍の効果はあった。１９９０、91年の大東文化大学の優勝は、ちょうど第二次ベビーブーマーの世代の出願と重なっていた。そして２００６年の亜細亜大学、極めつけは09年の東洋大学の初優勝である。

この時、私が東洋大学の広報に取材をすると、担当者の方は本当にうれしそうにこう答えてくれた。

「これまで本学は、関東地方の学生を中心に志願者を集めてきました。ところが、箱根駅伝の優勝を受けて、関東以外の出願者が劇的に増えました。出願料の増収は――前年に比べまして、億単位となりました」

億。すごかったのだ。

億単位の増収ならば、長距離ブロックに充てる強化費も決して高くはない。1987年以降に強化に乗り出した学校ほど、その効果を知っている。

2010年代後半になって、「箱根駅伝の結果と出願者の数には関係性はない」と指摘するマーケターなどが出てきたが、目をつけるのがだいぶ遅かっただけの話。いまや推薦枠が増えて一般入試はシステムの一部にしか過ぎないし、箱根駅伝の位置づけは、卒業生の母校に対する思いの喚起（これがアメリカの大学スポーツのように、寄付額に結びつけばいいのだけれど）、そして出願者増による増収よりも、大学のブランド力のメンテナンスに力点が変わってきている。

●待遇

ナマっぽい話、いや、ナマな話を書いてみる。監督たちの待遇についてである。

いまや日本の学生スポーツイベントのなかで、箱根駅伝ほど影響力を持っている大会はなく、それだけ監督、学生たちは学校に貢献していることになる。

これはあくまで私の個人的な意見だが、長距離の指導を担当する大学の監督たちは、年俸数千万円に値する仕事をしていると思う。なぜなら、アメリカのカレッジスポーツのヘッドコーチの年俸がハンパないことをニュースで見ているからだ。ここでは人気のフットボールとバスケットボールのヘッドコーチの年俸のトップ3を紹介したい。まずはフットボールから（分かりやすいように1ドル100円として換算。2021年に発表された数字）。

1　ニック・セイバン（アラバマ大学）　10億9800万円
2　デイボ・スウィーニー（クレムソン大学）　10億5400万円
3　カービー・スマート（ジョージア大学）　10億2300万円

読者のみなさんは、この数字に驚かれるのではないだろうか。とんでもない数字だが、フットボール部の大学への貢献度を考えると、妥当だと思う。志願者数の増加、なにより大学への寄付に対する貢献が大きい。アメリカではフットボール部の成績によって寄付金の額が変わってくるといわれており、大学経営陣にとって、優秀なヘッドコーチを招聘《しょうへい》するのは重要な問題である。特にアラバマ、ジョージア、ルイジアナの南東部の各州にとってカレッジフットボールはアイデンティティそのものだ（レッドステート、共和党の支持層が多い地域でもある）。

そのあたりの事情は、想田《そうだ》和弘《かずひろ》監督のミシガン大学での観察映画『ザ・ビッグハウス』にとても詳しい。ミシガン・スタジアムは収容人員10万人以上のまさにビッグハウスだが、試合開催日に大口寄付者向けの昼食会が開かれ、学長が寄付者を前に素晴らしいスピーチをする。

「あなた方の支援が、ミシガン大学の学生生活の充実につながり、若者にチャンスを与えることになるのです」

大学にとって、もうひとつ大きなリソースはバスケットボールである。バスケットボールとフットボールの強い学校が微妙に違っているところが私にとっては面白いところ。さて、バスケの年俸トップ3のヘッドコーチたちは……。

1　ジョン・カリパリ（ケンタッキー大学）　8億5000万円
2　ビル・セルフ（カンザス大学）　6億円

3　トム・イゾー（ミシガンステイト大学）　5億7000万円

カリパリはNBAでのコーチ経験もあるが、彼は能力の高い高校生に対し、「ケンタッキーで1年過ごしたら、すぐにプロに行けばいい」という「ワン・アンド・ダン」、1年経ったら、ハイおしまいという戦略で成功を収めてきた。日本におきかえると（実際にはあり得ないけれど）、箱根を1年生の時だけ走ってプロランナーに転向するようなイメージである。

翻って日本の大学の指導者はどうか。アメリカの大学の指導者は、すべてプロ契約だが、日本では契約形態が大学によってだいぶ違う。

まず、大学で教鞭《きょうべん》をとりながら指導をしている場合がある。青山学院の原監督は地球社会共生学部、神奈川大学の大後監督は人間科学部の教授であり、授業を担当して一般の学生相手にも教えている。陸上をやっていなくとも、入学すれば監督たちの授業を取れるという寸法である。私ならば、取ってみたい。

さらには、大学当局と監督の契約をしている場合がある。これも様々な形での契約があり、大学職員として雇用されるケースも多い。大学の仕事をしながらコーチを続ける場合もあるし、陸上競技の指導専念という場合もある。

こうした雇用形態について質問を投げかけるケースは稀《まれ》だが、中大の藤原監督は就任するにあたって第1章でも書いた通り、様々な経緯があったが、待遇面でも話が違っていたようだ。「急遽《きゅうきょ》、決まったこともあり、大学側からは正規職員として雇用は出来ないと言われまして。私はHondaでは正社員で、14年には資材担当の主任試験にも合格したところで、ちょうど家のローンも組んだところだったんですが……。結果的には1年が経過した時点で正規雇用にはなりましたが、バタバタとスタートしたというのが実情でした」

日本では、大学がプロコーチを雇うケースがまだ少ないから、こうしたバタバタが起きてしまうともいえる。

また、大学当局は関係なく、陸上競技部が指導者を招聘するケースもある。OB会が人件費を負担したり、あるいはコーチが所属する企業から「出向」という扱いで、企業にお願いするパターンもある（大学ラグビーではわりと多い契約パターンだ。大学側に資金があまりないのだ）。

今後、指導者の待遇はどうなっていくだろうか。陸上、ラグビーの取材などをしていても、基本的には1000万円が収入の目安となると感じる。いまや長距離ブロックの指導は監督一人では無理で、中大のように複数のコーチをそろえ、選手たちの走力によって

「セミ・パーソナル」的な指導ができる体制を整えていくことを考えると、3000万円から5000万円ほどの人件費を捻出《ねんしゅつ》していかなければならない。それだけの予算を投下している大学は限られる。そもそもスポーツに予算を割くカルチャーがない。

大学当局が駅伝の存在価値を認め、真っ当に人件費を予算項目として計上すれば、市場が確立し、人材の流動性が確保されていくと思う。現在も、早稲田の監督を務めていた渡辺監督が住友電工で監督を務めたり、日体大を優勝に導いた別府健至監督がロジスティードの指導を担当していたりと、このところ大学から実業団へと場所を移す監督も増えてきた。

また、仙台育英高校の監督として吉居大和らを育てた真名子圭《まなこきよし》監督が、2022年に大東文化大学の監督に就任し、4年ぶりに箱根駅伝出場を決めるなど、高校の指導者が大学で指導するケースも目立ってきた。

向こう10年、指導者の待遇が改善すれば、より大学長距離界は活況を呈すると思う。アメリカの大学レベルは望むべくもないが、1000万円以上の収入が保証され、なおかつ長期契約が結べれば、腰を据えてチーム作りが行えるからである。気づいている学校は、あるにはあるのだが。

●小説

駅伝の楽しみ方のひとつに、箱根駅伝を題材とした小説を読むことがある。

手に入りやすいところでは、三浦《みうら》しをんの『風が強く吹いている』（新潮文庫）はよく読まれていて、映画化もされた（林遣都《はやしけんと》のランニングフォームがとても美しかった）。

この小説は架空の寛政《かんせい》大学を舞台にしているが、様々なキャラクターを登場させ、彼らが10区間をつないでいく。

これは私の推論だが、駅伝小説を書くにあたっては「書き込むべき人数をどうするか」という難題に直面すると思う。箱根駅伝を舞台に選んだとしたら、監督、それに加えて10人以上の選手が登場してくる。補欠やマネージャーについても書き込みたいとなると、アッという間に15人くらいまで膨らんでしまう。そうなるとキャラクターを書き分けるのは難しいし、読んでいる方も情報を整理できなくなってしまう。

キャラクターの数に私は興味がある。村上春樹《むらかみはるき》の最新刊『街とその不確かな壁』（新潮社）は男性が主人公で、その脇を高校時代の彼女、福島県に移り住んでからは図書館長が固める。それから〝影〟、図書館に勤める女性、学校に通わずに図書館に通っている少年、喫茶店の女性が印象を残す。672頁を費やして、輪郭がハッキリと印象に残っているのは7人ほどなのだ。

『風が強く吹いている』で笑ってしまうのは、双子のランナーが登場し、これを「ニコイチ」で処理することで、キャラクターをひとつ減らすことに成功している。これは上手《うま》いな、と思った。

この小説は一種のファンタジーであるが、硬派の箱根駅伝小説もある。自らも早稲田大学の選手として二度、箱根を走った経験を持つ作家の黒木亮《くろきりょう》さんの『冬の喝采《かっさい》』（幻冬舎文庫）がそれだ。

黒木さんは2年生から早大競走部に入り、3年時には3区で瀬古利彦さんからたすきを受け、4年の時は8区を走っている。当時からつけていた日記には練習メニューや、ケガで通院している様子なども詳しく書かれている。執筆にあたって、記憶と記録が大きな武器になったことが分かる。

黒木さんは早大卒業後に都市銀行に入行し、ロンドン勤務の経験を持つ（そのあたりの経緯は、２０２３年に刊行された『メイク・バンカブル！』（集英社）に詳しい）。引っ越しが多い生活だったが、「学生時代につけていた練習日誌だけは絶対になくしてはいけないと思って、荷造りしてました」と、ロンドンのパブで私に語ってくれた。

1980年代の長距離にかけた学生の生活、天才・瀬古利彦のありのままの姿、そして監督・中村清の陸上に対する異常なまでの愛情に触れることができる。

それにしても、「冬の喝采」というのはいいタイトルだ。沿道からのランナーに対する温かい応援が目に浮かんでくるようだから。

そして2021年11月から2023年6月にかけて、「週刊文春」で池井戸潤《いけいどじゅん》の『俺たちの箱根駅伝』（以下「俺ハコ」）が79回にわたって連載された。

私はEKIDEN NEWSの西本武司さんと毎週、小説を読んでポッドキャストで感想を語り合うというトークをやっていた（いまもアーカイブで聴ける）。

いまや、週刊誌の連載小説を読む人はごくごく限られていると思う。昔、椎名誠《しいなまこと》が「最近、読まなくなってしまった」と書いていて、作家を本業とする人が連載小説を読むという習慣をなくしてしまったのだなと思った。かくいう私も久しぶりのことだったが、これは楽しいルーティーンになった。このポッドキャストには台本なんてないから（だから、いつまでだって話していられる）、ある時期は中村計《なかむらけい》さんの漫才師を題材にしたノンフィクション『笑い神』（文藝春秋）のことばかり話していた。

池井戸さんの「俺ハコ」は関東学生連合チームが本選に挑む話だ。連合チームの監督は予選会で次点だった学校の指導者が担当することが多いが、「俺ハコ」では監督経験のない人物がチームを任されることになり、そこで様々ないやがらせにあったり、選手の葛藤《かっとう》があったり、さらにはチームがひとつにまとまっていくプロセスが描かれる。

いくつか感動的なシーンがある。特に寄せ集めのチームにどうやって「プライド」を植えつけるのか、そのために監督がどんな演出を用意したか、ぜひとも本で確かめて欲しい。

一方、取材で箱根駅伝に関わっている人間からすると、ここはもっと書き込んで欲しかったなというところもある（たとえば、エントリーの当日変更はかなりのドラマが生まれているのを私はなまじっか知ってしまっているが、そこにはあまり触れられていない）。

それにしても、『半沢直樹《はんざわなおき》』シリーズや『下町ロケット』など大ヒット作を飛ばしてきた池井戸さんが箱根駅伝を題材にして小説を書いたことに、箱根駅伝自体の価値が表れていると思う。

私自身は、この小説のなかでは大日テレビ（もちろん中継局である日本テレビがモデル）に関する部分がとても面白かった。

箱根駅伝の生中継が始まった経緯については日本テレビの歴史を踏まえつつ（初代プロデューサーの坂田信久さん、初代総合ディレクターの田中晃さんについても言及されている）、どのように放送が作られているかというシーンは興味深い。

コマーシャルを入れるタイミングは、ディレクターが今後２分ほどで起きるであろうレース展開を読み、走っている選手の資質などをすべて頭に入れたうえで決定される。また、逆転シーンは箱根駅伝の醍醐味《だいごみ》だが、そもそもカメラがそこにいなければならない。それもディレクターの指示によって絵が決められていく。つまり、駅伝の中継とは「ナマもの」なのだ。

放送局内で、そうしたしびれる瞬間が連続していることは、一般の視聴者の方にはなかなか想像できないと思う。「俺ハコ」の魅力は、テレビ局にとってもプライドをかけた「俺たちの」ものなのである。

また、小説のなかでは箱根駅伝の中継にバラエティ色を持ち込もうとする大日テレビの偉い人が出てくる。プロダクションと結び、芸人をスタジオに入れようと試みるのだ。いまや日本のスポーツ中継では芸能人がいるのは当たり前になってしまったが、それが当たり前のことではないという強烈なメッセージがこの小説にはある。このあたりは小気味が良い。

池井戸さんの作品であり、放送局が舞台ということもあって、どうしても映像化を期待してしまうが、さて、どうなるか。

●早い記事と遅い記事

よく、こんな質問を受ける。

「箱根駅伝って、どんな取材をするんですか」

基本的にはみなさんと一緒です、と答えている。だって、11時間に及ぶレースだから、ずっとカバーすることは不可能なので、テレビで見ているしかない。

箱根駅伝の記者室は大手町・読売新聞社の上階にあって、何台かのモニターの前に机、椅子が並べられてレースを見る格好になる。これは家の茶の間やリビングで見ているのと変わりないのである。もしも、都心に家があったとして、大手町まで30分圏内だったとしたら、家でギリギリまで見てから現地に向かうのがいちばんいいだろうと思う。

そして記者連はフィニッシュが近づいてくると、エレベーターで一階に降り、監督、選手たちの肉声を拾う。コロナ禍の下では取材エリアが制限され、新聞社内のミックスゾーンに限定されることになっていたが、2023年からは徐々に戻りつつあった。

ただし、私は肉声を拾い、それをもとにして記事を書くのはあまり意味がないと思っている。インターネットで速報が当たり前となった現代で、選手の言葉はすぐにネット空間へと放たれる。いち早く伝えることでページビューを稼いでいくという戦術を採るメディアもある。

私は、そうした言葉を頭のなかに一度放り込み、それから煮込んで、それまで知らなかった物語を構築したい。私が目指しているのは「遅い記事」だ。

これは編集者やEKIDEN NEWSの西本さんともよく話すのだが、いま、世の中には早い記事が溢《あふ》れている。しかし早い記事は時間的な制約が多く、分析までには至らない。そこで「遅い記事」の出番となる。複数の証言を組み合わせ、なにが起きていたのかを再構成する。できれば、当事者たちにも発見があるような記事にしたい。

私が自信をもって書いたのは、2019年に青山学院が4区で東洋大、東海大に逆転を許した話と、23年の「史上最高の2区」だろうか。

いずれも、選手ひとりではなく、複数の学校からの証言を組み合わせ、レースを再構築した。箱根駅伝を読む面白さは、大会前から情報を仕込み、「コンテクスト」、文脈を理解しておくことなのだ。コンテクストを張りめぐらせておき、なにかレースで特徴的な「現象」が起きた時にその文脈が発動し、読物を書きたい欲求が湧いてくる。自分が考えていることを、読者とシェアしたい。その思いだけである。

ただし、遅い記事にはそれなりの時間が必要だ。２０１９年の4区の話はかなりの「後だし」で、ノートPCのファイルを見ると、1月7日に書き上げている。それでも読まれたのは、箱根駅伝に関していえば遅い記事に対する需要があるからかな、と思う。

本書を書くにあたって読み直してみると、青山学院の原監督のこの時のコメントが潔い。

「4区を甘く見ていました。東海大、東洋大がなにがなんでも4区までに貯金を作り、山上りで逃げ切ろうとする。ライバル校の情熱を想像することが出来ませんでした」

油断があった。それを原監督は認めていた。そしてしっかり手を打っていれば、青学大が5連覇する可能性はあった。しかし、他校も黙ってはいなかったということである。東洋大の酒井監督は、

「このあたりで止めないと、青学さんが中央さんの6連覇を超えていく可能性があるので」

と言っていたのを思い出す。こうした言葉を頭のなかに放り込んでおいて、必要に応じて取り出して記事として組み立てていく。こんな面白い仕事、なかなかないと思う。

面白いとはいえ、新聞記者のみなさんにとってこの2日間はなかなかの重労働である。私が勝手に「記者室の風物詩」と呼んでいるのが、居眠りである。

箱根駅伝を二日連続で取材すると、たいへんなことになる。往路は箱根のフィニッシュ地点で選手たちを待ち構えることになるから、早くから芦ノ湖に詰めていることになり、当然のことながら早起きとなる。往路が終わってからは記事を書き、そして大混雑を縫って山を下りなければならない。小田原《おだわら》ルートはたいへんな混雑ということで、いったん三島《みしま》に下った方が良いと結論付けた編集者はなかなか頭が切れる。

そして１月３日もスタート前に大手町の読売新聞社に到着しなければならないから、睡眠が十分とはとても言えない。ありがたいことにパン、飲み物などが主催者から支給されるので、それを食べると眠くなるのも分かる気がする。

私は友人でもあるＷ記者とああだこうだ言い合いながら見るのが好きで、眠くなる暇はない。子どもの頃から大好きな大会だし、Ｗさんがカバーしている大学は私とは微妙に違っているので、Ｗさんからもたらされる情報は私にとっては新鮮なのだ。

ところが、Ｗさんは近くのホテルに泊まってレースを見て、そして10区になってから読売新聞社に来る取材スタイルに変更した。それはいいなと思った。なんといっても、記者室では「ああ」とか「よしっ」とか声を出せないもの。本当は声出し応援をしたいのである（記者席で私が声を出したのは、２０１９年のラグビー・ワールドカップ日本大会のアイルランド戦と、スコットランド戦だけだと思う）。

記者は公正中立でなければならないというイメージはいまだに強いかもしれないが、私は思い入れがないといい記事は書けないと思っている。仕事として選手のコメントを拾っているだけでは、それ以上のことは生み出せないのではないか。

私はこれからも遅い記事にこだわっていきたいと思うが、そのサイクルが早くなってきてはいる。２０２３年の史上最高の２区についての原稿は、驚いたことに１月２日の15時47分に保存されている。自分でも「マジですか」という感じだ。

つまり、コンテクストを読み解く遅い記事を、可能な限り早いタイミングで書くことが求められるようになった。それに、自分も対応せざるを得なくなっているのだが、結局、〆切《しめきり》次第なのかもしれない。

私が敬愛するコラムニストの故・山本夏彦《やまもとなつひこ》の著作に『世は〆切』（文春文庫）というタイトルの本がある。

自分も早いだの、遅いだのという前に、やっぱり〆切からは逃れられないということだ。早い作業サイクルのなかで、どれだけコンテクストについて書き込めるのか、それが勝負だと感じるようになった。寝ている場合じゃないよ。

第7章　箱根駅伝に魅せられて

●言葉の力

お正月の箱根駅伝が終わると、「後取材」に入る。私の場合、『陸上競技マガジン』（ベースボール・マガジン社）と『Ｎｕｍｂｅｒ』（文藝春秋）で書くために監督、選手たちに話を聞く。

数ある取材活動のなかで、いちばん面白いのが後取材だろう。特に、青山学院の原監督はレース前にチームにどんなことが起きていたのか、率直に語ってくれるので面白い。２０２３年は、次のようなことを明かしてくれた。

「直前になって、５区を走る予定だった若林が『走れません』と言ってきてね……。私から見たら走れないことはないと思ったけど、山上りはメンタル面もひじょうに重要ですから、それは仕方がないかと思って。ただ、それによって区間配置がつぎはぎになってしまった。４区は塩出翔太《しおでしょうた》を入れていましたが、実のところ補員に入っていた太田蒼生《おおたあおい》が走ると決めていたんです。塩出は山も上れるので、彼を補員に入れておけばなんとかなったかもしれませんが……。急遽《きゅうきょ》、本来は山を下る要員だった脇田幸太朗《わきたこうたろう》を５区に入れて、６区には西川魁星《にしかわかいせい》を入れました。西川は山下りでは実質４番手の選手だったので、なかなか難しいレースになりましたね」

こうした直前のトラブルの話は、事前には絶対に出てこない。記者としては、オーダー変更を見て「あれ、なにかがあったたな」と感じるところはあるのだが、真相は直接、監督や選手に聞いてみないことには分からない。

つまり、この答え合わせがいちばん面白いというわけである。

2023年大会でいうと、いちばん印象に残ったのは中大の藤原監督の言葉だった。往路の2区で先頭に立ち、4区で駒大と青学大に逆転されたものの、5区には山上りの経験者である阿部陽樹を配していたので逆転に自信があったようだった。青学大は抜いたものの、駒大は追いつけそうで追いつけず、往路で2位に終わり、復路では追いかける展開になった。

「5区では逆転できると思ったんですが、駒澤さんに粘られてしまい、復路では後手に回ってしまいました。そうなると、追いつきたい気持ちが出てきますから、どうしても前半に突っ込み、中盤以降に離されるという展開の繰り返しになってしまいました」

先頭と、2位で追いかける立場の違いをまざまざと見せつけられた格好になった。

「1年間、優勝を目指して練習をしてきた駒澤さんと、3位以内を掲げていたウチの差が出たと思います」

2月に入ってからもう一度、藤原監督に話を聞く機会があり、この時はハッキリと「優勝を意識して指導しています」と話していたのが興味深かった。

「去年までは、『優勝』とか『1位』という単語を、学生の前では使わなかったですね。変に空回りして欲しくないという思いもありまして。今年は、優勝という言葉をどんどん使っていこうと思います。日常から意識付けしていくことが優勝にふさわしい練習を作ると思いますし、選手たちも優勝する準備ができるはずです」

有言実行ということだろう。陸上競技はあくまで個人競技だが、駅伝だけは団体競技的な要素が強くなる。集団で目標を共有しなければならず、そうした時に「言葉の力」はとても重要になる。単純だが、言葉を共有することで集団の意識レベルが上がっていく。

２０１０年度のシーズンは早稲田が「三冠達成」を掲げて優勝。前年、駅伝でひとつも勝っていなかったのに三冠を言い出した渡辺監督は偉かったと思う。

渡辺監督や藤原監督の言葉は「ガチ」だが、柔らかめの演出もある。青山学院の原監督の「●●大作戦」という作戦名の発表は、12月10日に開かれる記者発表の席での名物となった。これまでの作戦名を振り返ってみると、「ワクワク大作戦」から始まり、「パワフル大作戦」「ピース大作戦」などが発表されてきた。第一印象は安直なので、スローガンとして「どうなんだ？」と思う人もなかにはいるが、他競技の指導者からはとても評判がいい。

「学生が共有しやすい言葉だと思いますよ」

「簡単な言葉の方が浸透しやすいんですよ」

そういった声が聞かれるので、現場を預かる指導者だと視点が少し違うのだと感じた。

原監督はこうしたシンプルな作戦名を打ち出すことで、選手たちに「勝つ準備」をさせているのだと思う。

青山学院らしいポジティブな言葉で、年末に向けて前向きな雰囲気を作っていく。

作戦名が発表されたとなると、いよいよ箱根駅伝が近づいてきたなと選手も感じ、寮内もピリッとしてくる。

作戦名の発表はそうした「装置」になっているのだと思う。

勝つ準備をするというのは、スポーツの世界でとても大事なことだ。ラグビーのエディー・ジョーンズさんが私にこんなことを話していた。

「格下のチームは、勝つ準備をすることがなにより大切です。練習、合宿の段階から追い込んで、『これなら勝てる』と信じる力を持たせる。しかし、勝利の女神は最後の最後まで試練を与えます。私の経験からして、選手たちはリードしているのに、『勝ってしまっていいのだろうか？』と不安になり始めるのです。番狂わせを起こすためには、全員に対して自信を植えつけなければいけません」

箱根駅伝にも同じようなことがいえると思う。優勝する準備、シード権を獲得する準備。それが整っていないことには、大願成就とはいかない。私の記憶する限り、優勝して選手たち本人がびっくりしていたのは、２００６年に優勝した亜細亜大学くらいだったと思う。気象条件や、複数の学校が多発的にブレーキになった場合、試合前は優勝候補に名前が挙がっていなかった大学が勝ってしまうこともある。

２０１３年の日本体育大学の優勝も、それに近かったかもしれない。名門・日体大に対して失礼かもしれないが、強風下でのレースで競馬用語で言うところの〝紛《まぎ》れ〟が起きた。上位校が実力を発揮できず、５区山上りで服部翔大が先頭に立つと、復路は落ちついて走り、流れを引き渡さなかった。選手たちの表情はといえば、「勝っちゃったね……」という感じだったのだ。

これまでの取材で感じるのは、言葉が豊かな選手ほど可能性があるということだ。おそらく、自分の内面と対話をしているからこそ、言葉の力も耕されていくのだと思う。

そして言うまでもなく、長距離の指導にあたる監督たちは言葉が豊かで、話が面白い。例外はごくわずかであって、だからこそ私は取材を続けている。

●縁

長く箱根駅伝を取材してきて、様々な縁を頂戴《ちょうだい》した。これはとてもありがたいことである。もはや自分の子どもと一緒の世代の学生たちと話をするのは本当に貴重な経験で、しかも陸上競技について勉強になるのだから。

私にとって箱根駅伝の取材が、自分にとって「仕事以上」のものになったのは、２０１５年に青山学院が初優勝した時からだったかもしれない。

それ以前から青学の監督、主務、そして選手たちに話を聞いてはいたが、この年の髙木聖也主務との出会いは、人生の喜びにつながった。

髙木君は、熊本・九州学院出身でもちろん箱根を走ることを夢見て上京したわけだが、立て続けに故障に見舞われ、主務へと転向した。そのあたりの経緯については『箱根駅伝ナイン・ストーリーズ』（文春文庫）に書いたが、故障し、痛みが出た時に、周囲から「本当にケガなのか？」と思われた時は、つらかったと話してくれた。

箱根の取材は、どうしてもレギュラー陣に偏ってしまう。実際に、どの大学にも夢破れて退部していく選手はいる。もう駅伝は二度と見たくないと思う人だっている。

主務の髙木君は、他の主務たちとは違っていた。「受け」ではなく、しなやかな「攻め」の人だった。長距離ブロックの主務は、とにかく業務が多いから、それを片付けるのに必死だ。大人との折衝も多く、それは成長の機会につながるが、どうしてもこなすこと、つまりは受けがメインになってしまう。

ところが、髙木君は練習を見守っている私に話しかけてくれた。旧知の人物に、話しかけるように。

これは、うれしかった。なぜなら、私は30代前半まで極度に人を警戒する性質で、良質な人間関係を構築するのに苦労していた。ところが、30歳を過ぎて複数の日本人メジャーリーガーのマネージャーを担当していたO氏と出会ってから、警戒心を持ちながらも良き人間関係を築いていくスキルを身につけることができた。

そんな経験があったから、さらりと話しかけてくれた髙木君の佇《たたず》まいを私は信頼した。そして彼は優勝チームの主務になったわけだが、『陸上競技マガジン』の4年生座談会では私のリクエストで髙木君にも出席してもらった。彼は、チームの光と影を知っていたからだ。そして改めて、青山学院が初優勝した時のメンバーは、ユニークな人材がそろっていたのだなと感じた。絵を描くのが好きな選手もいたし、最後の最後まで、地道に自己ベスト更新を目指していた選手もいた。陸上という世界はタイムでマウンティングが行われがちだが、それがすべてではなく、同級生同士がお互いを尊重している雰囲気が間違いなくあった。

大学を卒業し、髙木君は金融界に身を投じた。取材対象者が社会人になると、縁は切れてしまいがちだが、髙木君とは東京、そして転勤先の福岡でも一緒に酒を飲んだりした。青年が成長していく様子を見るのは楽しく、私が父親世代としてアドバイスできることがあれば話すというスタンスで付き合いが続いた。

そのうち、会社を退職し、青山学院の後輩、神野大地選手のマネージメントを担当することになりました、という連絡をもらった。やっぱり、陸上の世界に戻ってきたんだな——と感じた。私としては応援するのみである。

さらに、中学、高校で中距離の選手になったわが次男に「青トレ」を教えてもらったり、個人的にもお世話になった。

面白いのは、髙木君を基点に人脈が広がっていったことである。特に九州学院出身者との縁が続き、2020年度の青山学院の主将、神林勇太選手も九州学院の出身であり、神林君の卒業間際には3人で彼の卒業祝いの会を開いた。そしていまも、なんだかんだ九州学院出身の選手が気になるようになってしまった。

不思議な縁はまだまだ続き、ついに2022年夏には取材で九州学院を訪ねることになった。陸上ではなく、野球の取材で……。それは「村上宗隆　高校3年の夏」という高校野球の振り返りものの企画で、村上は九州学院のキャプテンの時、決勝で秀岳館に敗れたのだが、その試合のエピソードを各所に取材した。

印象的だったのは、夕方に熊本市内を歩いていると、ジョグの集団を複数見かけたことだった。中学校が2校、そして高校は開新高の選手たちだった。県庁所在地で、これだけ生徒たちがジョグをしている街は、他に記憶がない。九州学院も熊本城内をジョグすると高木君から聞いていたので、私もそれにあやかって朝のジョグに出かけた。地震の爪痕《つめあと》はまだ大きく、思ったようには走れなかったけれど。

私は、高木君との関係性がなければ、村上に関する九州学院の取材にも縁がなかったと思うのだ。

熊本では九州学院出身の大将が営む馬刺しのお店にうかがい、熊本高校と済々黌高校の校風の違いについて聞いたりして、これもまた自分の財産になった（おそらく、これでコラム一本は書けると思う）。自分もこうして人と人をつなげられるような仕事が出来たらなと思う。

その髙木君から指導を受けた息子が所属していたランニングアカデミーの仲間たちが、大学生になり、何人かは競技を続けている。都道府県対抗駅伝の選手に選ばれたり、都大路を走ったり、大学に入ってからは、８００ｍで日本選手権に出た選手もいれば、大学１年で箱根の予選会でハーフマラソンを経験した選手も出てきた。中学時代の姿を知っているだけに、彼らがレースに出てくると、ドキドキしてしまう。これも、息子がつないでくれた「縁」である。

ただし、中学時代はエリートだった彼らが箱根駅伝を走れるかというと、それはまた別の話で、高校でどんな練習を積むのかも影響することが分かったし、大学に入ってからケガをしないことも大切である。箱根を走ることは、とても難しいことだと改めて感じている。

私の年齢になってやるべきことは、こうした縁を次世代につないでいくことであって、そこで新しい動きが出てきてくれるといいなと思う。縁というものはひとり占めするだけのものではなく、どんどんそれを分けていくことで、それがまた次々と新しい縁を呼んでくれる。

私は、それを髙木聖也君との出会いから学んだ。そんな彼も、いまでは父親になった。おめでとう。

●瀬古さんのこと

私は箱根駅伝を45年以上にわたって追いかけてきたわけだが、スターとしての横綱は瀬古利彦と、柏原竜二のふたりである。

瀬古さんは本当に強かったし、学生時代からマラソンで日本のトップに立った。12月にフルマラソンで勝って、箱根駅伝の2区で区間新を二度マークする選手なんて、もう二度と出てこない。絶対に。

その一方で、瀬古さんの周りでは「どうしてこんなに悲しいことが起きるのだろう?」と私はずっと感じてきた。

現役時代、1984年のロサンゼルス・オリンピックまでは国民から祝福されていた。あれだけの応援を受けたランナーは、本当にいなかったと思う。ただし、79年のソ連によるアフガニスタン侵攻が瀬古さんの人生を変えた。瀬古さんは言う。

「もしも、モスクワで勝てなかったにせよ――たぶん、勝てたと思うんだけど――中村先生と私が、オリンピックというものを一度経験していたとしたら、ロサンゼルスの結果も変わっていたと思うんですよ。アプローチというか、準備がね。押しつぶされるようなプレッシャーは感じなかったかもしれないね」

そしてロサンゼルスの前はオーバーワークが祟《たた》って血尿が出始め、三重の実家のお母さんに泣きながら電話をかけたという。

「私の世代はよくいえば我慢強いからさ、どんなに体調が悪くなったとしても、中村先生には言えなかったんだよ。だから、かあちゃんに電話したんです」

ロサンゼルスで、集団から引き離されていった時の映像はいまだに忘れられない。翌1985年には、恩師である中村清監督が渓流釣りに出掛け、岩から足を滑らせて転落死する。悲劇はこれだけで十分だ。

そして捲土《けんど》重来を期した1988年のソウル・オリンピック。この時は前年12月に行われた福岡国際マラソンが一発選考レースに指定されたが、瀬古さんはケガで出場できなくなった。ところが、日本陸連が救済措置を設け、瀬古さんはびわ湖毎日マラソンを走って出場権を得た。日本陸連が予《あらかじ》め定めたルールを変えてまで瀬古さんを代表に選んだことで、批判の矛先は瀬古さんに向かった。ロサンゼルスの前までの祝福が、一気に棘《とげ》のあるものになってしまった。それでも、ソウルで9位でゴールしたあと、小さくガッツポーズをしたのが救いだっただろうか。

そして引退後はヱスビー食品の監督となったが、１９９０年に所属選手、関係者を交通事故で喪《うしな》ってしまう。

１９８０年から90年の足かけ11年の間に、これだけの悲劇が瀬古さんを襲ったのである。並の人間だったら、耐えられないのではないか。

それでも瀬古さんは仕事にまい進した。１９９０年からは早稲田のコーチを兼任していたが、花田勝彦、櫛部静二、渡辺康幸らを育て、彼らは国際舞台で戦い、そして指導者として活躍しているのはご存じの通りである。

瀬古さんはいつも、人前だとポジティブな姿勢を崩さない。公衆の前では、「みんなが期待している瀬古さん像」を自然に演じているように見える。前向きだし、頼まれごとも多いが、それを断らない。「自分が音頭を取って物事が動くなら、それはやりますよ」と瀬古さんは話していたが、低迷していたマラソン界を復活させるために、「マラソングランドチャンピオンシップ」（ＭＧＣ）をプロジェクトとして進めた。瀬古さんは〃顔役〃となって、実際のルール作りや運用はスタッフが進めていく。組織が上手《うま》く行く時のパターンだ。そしてＭＧＣの導入によって、特に男子の場合は飛躍的に記録が伸び、競争が激しくなった。瀬古さんは言う。

「やっぱり、明確な選考基準を示せば、人は努力を積み重ねられるってことだよね。しかも、これまで〃一発屋〃が多かったからさ。選考レースでいい走りをして、代表に選ばれるとホッとしちゃって本番ではダメ。どこが本番なんだよってことなんです。だから、一発屋を排除する仕組みを作らなきゃいけなかった」

次のステップはオリンピックでメダルを獲得することだ。１９９２年のバルセロナ・オリンピックで森下広一《もりしたこういち》が銀メダルを取って以来、30年以上にわたり、日本男子はメダル獲得から遠ざかっている。アフリカ勢の台頭があったから、と理由は明快なのだが、それで諦《あきら》めてしまっては面白くない。パリ、そして瀬古さんが涙を飲んだ地、２０２８年のロサンゼルスに向けて、指導者、選手たちの志は高い。プロジェクトの目標達成には時間が必要だから、ＭＧＣは東京で離陸し、パリで上昇軌道を描き、そしてロサンゼルスで最高度に達するというのが理想的なシナリオではないか。

こうした大きな仕事を進めている一方、瀬古さんは2021年に長男の昴《すばる》さんを亡くされた。25歳の時にホジキンリンパ腫を発症し、闘病生活の末、34歳で息を引き取った。そのあたりの事情については、病床にあった昴さんが『がんマラソンのトップランナー　伴走ぶっとび瀬古ファミリー！』（文藝春秋企画出版部）という闘病記を残しており、そこに詳しい。

その後、あるパーティで瀬古さんと隣の席になったことがあり、「ご長男のこと、お悔やみ申し上げます」と話すと、「昴の本、読んでくれたんだ。ありがとうね」と、瀬古さんは頭を下げた。歌舞伎の「菅原伝授手習鑑《すがわらでんじゅてならいかがみ》」の『寺子屋の段』には、「野辺の送りに親の身で子を送る法はなし」という台詞《せりふ》がある。聞くたびにいつも胸を締めつけられる思いがするのだが、瀬古さんがどれだけ悲しんだか知れない。しかし、瀬古さんはこう言った。

「自分の息子のことは、どうとでも折り合いはつけられるけど、預かっていた選手たちのことはね……。親御さんたちに本当に申し訳なくて、申し訳なくて」

世の中の人には、瀬古さんは「明るく元気で、ユニークな人」というイメージがあると思うが、私からすると次々に悲劇が襲い掛かったにもかかわらず、ずっと前向きに生きてきた人である。

瀬古さんは、とても強い人だ。

これは私事で蛇足になるが、わが家の次男は瀬古さんが代表を務めていたＤｅＮＡランニングアカデミーの第一期生で、修了時に証書を頂戴した。「いくしま」だから50音順でいえば第一走者だったので、瀬古さんが息子を前にして証書を読み上げてくださった。

それは私にとって感慨深いシーンで、気仙沼で過ごしていた10代のころに憧《あこが》れた人と、わが家の歴史が交錯した瞬間だった。

●第１００大会と全国化

いよいよ２０２４年、箱根駅伝は第１００回の記念大会を迎える。出場校は23校と決まり、そして10月に行われる予選会には、関東学連に加盟している学校だけではなく、全国の大学にも門戸が開放されることになった。この決定によって、全国の大学にも箱根駅伝出場の可能性が開けたわけである。

過去の歴史を振り返ってみると、関東学連加盟校以外の学校が箱根を走ったことはある。

まず、関西大学が箱根駅伝の黎明《れいめい》期である１９２８年、31年、32年と三度走っている。順位は９位、８位、８位だった。そして64年、東京オリンピックが開催された年のお正月には立命館大学（11位）と、福岡大学（13位）の2校が参加している。いずれもオープン参加ではなく、正式の順位。というわけで、前例がないわけではない。

今回、全国にチャンスが開放されるにあたって、私はよくこんな質問を受けるようになった。

「全国の強い学校が出てくるとなると、関東で出場できない学校が出て来たりするんじゃないですか？」

この質問については、関東以外の学校の関係者には本当に申し訳ないのだが、「１００パーセントないですよ」と答えている。それが現実だからだ。

それはなぜか？　ひとつには、箱根駅伝が圧倒的なコンテンツになったことで、選手が関東に集中する傾向が以前にも増して強まった。日本人の高校３年生の５０００ｍの上位50傑を見ていても、実業団を選択する選手が何人かいて、ごく稀《まれ》に関西の学校に進学する選手がいるくらいだ。才能は関東の学校に吸い寄せられているのである。

それは大学の実力差となって表れる。インカレだといい勝負をする場合もあるが、団体戦である駅伝の予選会となると、一気に差が開く。

２０２２年に行われた箱根駅伝予選会をもとにして話を進めると、10位通過だった国士舘の上位10人のタイムの合計は10時間48分55秒だった。チーム内10位は福井《ふくい》大夢《ひろむ》で１時間06分14秒だった（総合で２１２位）。ちなみに次点の神奈川大のチーム内10位の選手は石口《いしぐち》大地《だいち》で１時間06分15秒。つまり、当落線上の大学はハーフマラソンを63分から66分台で走れる選手を10人以上そろえなければ通過できない。

　これは、地方の大学にはとてつもなく高いハードルだ。トラック種目はともかく、ハーフマラソンを強化計画に入れるのが難しいのである。なぜなら、ロードの強化の基本線が１００００ｍになるからだ。たとえば、全日本大学駅伝の予選会は関東、関西、九州などのようにブロックごとにトラックの１００００ｍで行われ、チームの上位８人の選手の合計タイムによって通過校が決まる。

　２０２３年の７月までに行われた予選会の記録を見てみると、関東以外では大阪経済大が４時間04分22秒65でトップの記録を残している。さて、関東はどうだったか。トップ通過の城西大のタイムは３時間57分35秒40で、８位で次点の立教までが３時間台のタイムをマークしている。全国一斉に予選が行われたとしたら、関東が独占しかねないのである。

　もうひとつ、出雲駅伝に目を転じてみよう。九州地区の予選会にあたるのが、前年12月に行われる九州学生駅伝対校選手権、いわゆる島原《しまばら》駅伝だ。出雲と同じ６区間で争われるが、最長は4区の9・38㎞で、やはり5㎞から10㎞の強化に特化することになり、ハーフマラソンに対応するカレンダーになっていない。そもそも10月にハーフマラソンに挑む強化日程が設定されるのは、関東学連の学校だけなのだ。

箱根駅伝の全国化が発表されたのは2022年6月のことだったが、わずか1年とちょっとではハーフマラソンに対応できる選手を10人以上育てるのは現実的に不可能なのである。

強化現場の指導者たちは、どう捉《とら》えているだろうか。全国大会の常連、第一工科大の岩《いわ》元慎一《もとしんいち》総監督は「西スポWEB OTTO!」の取材に対してこうコメントしている。

「地方で20キロ走れる選手はいない。（全国化が）5年くらい続けられるならともかく、1回こっきりで《ママ》では…」

これが本音である。全国化は100回大会限りのため、将来を見据えた強化もできないというわけだ。鹿屋体育大学の松村勲《まつむらいさお》監督も、メディアをはじめとした盛り上がりについて、冷静な目を向けている。

「感情で『チャレンジだ』と言っても…。もっと目指すべきことに注力して成績を残すことの方が大事。関東学連に右往左往させられている。地方の大学が巻き込まれているだけ」

なかなかシニカルなコメントで、他地区の大学からすると、現状では箱根駅伝予選会出場よりも、全日本大学駅伝、出雲駅伝に出られる価値の方が高い。

関東の関係者は静観を決めこんでいるが、唯一、青山学院の原監督だけがこの一連の流れに疑義を呈している。２０２５年からは従来通りの方式に戻されることが発表されると、ツイッター（現X）に自説を投稿した。

「まさに茶番劇に終わりそうな箱根駅伝全国化問題。１００回大会の地方大学参加、１０１回大会後の参加継続なし、すべて事後報告！正月から国道一号線を利用させて頂く国民行事。加盟校のみならず、多くの国民のご意見に耳を傾けるべきだと思います。皆さんはどう感じられますか？」

もともと原監督は全国化を唱えてきたが、関係者の間では第1回大会から関東で行われてきたことと、戦後の大会復興にあたって、先人たちが箱根駅伝という財産をつないでいくために甚大な努力をしたことを忘れてはならない、という声も聞く。

私個人はといえば、全国化が定番となれば、地方の大学のなかには豊富な資金を投入して学生をリクルートする学校も現れてくるだろう。そうなった時に、箱根駅伝がどうなってしまうのか、という不安はある。

まずは、2023年に全国の大学が予選会に参加して、どんな結果が得られるかを観察していくことが大切かと思う。もしも、選手強化にプラスになるようであれば、全国の大学が5年に一度なり、より開かれた大会になるように働きかけていくはずだ。

未来の箱根駅伝はどうなっていくのだろう？　私としては、学生の生活が充実する方向へと向かい、大学スポーツがより社会的な意義を持てるよう、箱根駅伝が先導していって欲しいと思っている。

箱根駅伝には、その力があるのだから。

おわりに

本のタイトルを決めるというのは難しいもので、私は担当編集の方に任せることが多かった。本を書くことと、タイトルをつけることとは、別の頭の回路が必要だからだ。今回の『箱根駅伝に魅せられて』というタイトルは、とても気に入っている。自分の人生そのものを表した表題をつけていただいた、と感謝している。

自分が小学生の時から魅せられた大会について、今回は40本のコラムを書き、それをたすきのようにつないでみた。思い出から始まって、考察に現状分析、そして取材の現場で聞いた言葉を書いてみた。

特に第5章「目の上のたんこぶ」は何気なく書き始めてみたが、結果として箱根駅伝の戦後史を浮かび上がらせることが出来たかなと思っている。いろいろな発見もあって、戦後生まれの人たちが大学に進学し始めたのは1964年だった——言うまでもなく東京オリンピックが開催された年であり、そこから日体大の黄金期が始まったのか、という気づきがあった。スポーツも歴史の一部であり、箱根駅伝は日本の戦後史を反映しているのだ。

さて、第100回を迎える箱根駅伝だが、私はいつまでこの大会の取材を続けられるのだろう？　と考えたりする。記者室には古稀《こき》間近の人もいらっしゃるから、自分も60代半ばまでは足を運べるのかなと漠然と思っているが、新たな視点、面白い読み物を書けないことにはお座敷もかからなくなる。書き手としてどれだけアップデートしていけるのかが勝負だ。

年が明け、初めて取材に向かうのが箱根駅伝というのはなんとも縁起が良いものだ。大手町の凛《りん》とした朝の空気が、お昼を過ぎると熱気を帯びてくる。そしてフィニッシュの後の様々な感情が入り乱れるのを、私はずっと見届けていきたい。

ライフワークを得られたことに、感謝するのみ。

2023年9月

生島　淳

主な参考文献

生島淳『駅伝がマラソンをダメにした』光文社新書、２００５年
生島淳『箱根駅伝』幻冬舎新書、２０１１年
生島淳『箱根駅伝　新ブランド校の時代』幻冬舎新書、２０１２年
生島淳『箱根駅伝　勝利の名言』講談社＋α文庫、２０１４年
生島淳『箱根駅伝　ナイン・ストーリーズ』文春文庫、２０１５年
金哲彦『走る意味』講談社現代新書、２０１０年
黒木亮『冬の喝采』上下巻　幻冬舎文庫、２０１３年
田中晃、ＷＯＷＯＷスポーツ塾 編『準備せよ。スポーツ中継のフィロソフィー』文藝春秋、２０１９年
三浦しをん『風が強く吹いている』新潮文庫、２００９年
『あまりに細かすぎる箱根駅伝ガイド！２０２３＋ニューイヤー駅伝！』ぴあ、２０２２年
『月刊陸上競技』講談社、陸上競技社
『週刊文春』連載小説　池井戸潤『俺たちの箱根駅伝』文藝春秋、２０２１〜23年
『箱根駅伝完全ガイド』ベースボール・マガジン社
『陸上競技マガジン』ベースボール・マガジン社
『ＳｐｏｒｔｓＧｒａｐｈｉｃ Ｎｕｍｂｅｒ』文藝春秋
『Ｎｕｍｂｅｒ Ｗｅｂ』文藝春秋

本書は書き下ろしです。

生島　淳（いくしま・じゅん）
1967年生まれ、宮城県気仙沼市出身。早稲田大学卒業後、広告代理店に勤務しながらライターとして活動し、99年にスポーツライターとして独立。ラグビー、野球、駅伝などを中心に圧倒的な取材力で世界のスポーツに精通している。雑誌への執筆の他、テレビ、ラジオも出演多数。著書に『駅伝がマラソンをダメにした』『箱根駅伝 ナイン・ストーリーズ』『奇跡のチーム ラグビー日本代表、南アフリカに勝つ』『ラグビー日本代表ヘッドコーチ エディー・ジョーンズとの対話 コーチングとは「信じること」』など。

箱《はこ》根《ね》駅《えき》伝《でん》に魅《み》せられて

生島《いくしま》　淳《じゅん》

2023 年 10 月 10 日　初版発行

◇◇◇

発行者　山下直久
発　行　株式会社KADOKAWA
〒102-8177　東京都千代田区富士見 2-13-3
電話　0570-002-301（ナビダイヤル）
装 丁 者　緒方修一（ラーフイン・ワークショップ）
ロゴデザイン　good design company
オビデザイン　Zapp!　白金正之
印 刷 所　株式会社暁印刷
製 本 所　本間製本株式会社

角川新書

ISBN978-4-04-082467-3 C0295